ちくま新書

アンダークラス

——新たな下層階級の出現

橋本健二
Hashimoto Kenji

1371

アンダークラス——新たな下層階級の出現【目次】

序章　アンダークラスの登場

一九六五年に中学卒業と同時に集団就職で上京、さまざまな職を転々としたあげく、一九六八年秋に連続射殺事件を引き起こし、一九九七年に死刑が執行された永山則夫は、獄中で膨大な数の文学書や思想書を読破し、多数の著作を世に送った。そのなかに、一九七一年に書かれた「驚産党宣言」なる一文がある。

これによると現代の社会には、「大ブルジョアジー」「プチ・ブルジョアジーおよび貴族的プロレタリアート」「ルンペンプロレタリアート」の三つの階級がある。ルンペンプロレタリアートとは、定職をもたない不安定就労者や浮浪者などのことで、カール・マルクスはこれらの人々を、プロレタリアートの革命運動に敵対する犯罪者予備軍だと断じ、数多くの侮蔑の言葉を残している。しかし永山によると、マルクスが革命的な下層階級とみなしていた安定雇用のプロレタリアートは、大ブルジョアジーと結託して貴族的プロレタリアートと化し、ルンペンプロレタリアートに敵対し、これを犠牲として危険な労働を免れ、豊かな生活を送るようになっている。そして、いまや革命的な階級はルンペンプロレタリアートだけであり、彼らは個人的テロルによってブルジョアジーに対抗する、テロリスト集団になるだろう、と主張する(『人民をわすれたカナリアたち』所収)。

自分を革命的なルンペンプロレタリアートだとして正当化する、荒唐無稽な開き直りと片づけることもできないではない。しかし考えようによっては的確な現状分析であり、また不気味な予言でもある。今日の日本社会は、ある意味ではこの方向へ近づいているように思われるからである。格差拡大のなかで、たしかに「大ブルジョアジー」たちは、ますます巨大な富を蓄えてきた。そして被雇用者の内部にも、巨大な格差が形成されてきた。その頂点には、グローバル企業に勤務する高賃金のエリートたちがいる。そして底辺には、低賃金で不安定な非正規労働者の大群が形成されていて、その数と全体に占める比率は、増大を続けている。そしてこの構造は、社会不安の大きな源泉になっている。

ここで非正規労働者のうち、家計補助的に働いているパート主婦と、非常勤の役員や管理職、資格や技能をもった専門職を除いた残りの人々を、「アンダークラス」と呼ぶことにしよう。その数はおよそ九三〇万人で、就業人口の一五%ほどを占め、急速に拡大しつつある。

それは、次のような人々である（九三〇万人には高齢者も含まれるが、以下の数字は、年金を受給している可能性のある六〇歳以上を除いて集計したものである）[1]。

平均年収はわずか一八六万円で、貧困率は三八・七％と高く、とくに女性では、貧困率がほぼ五割に達している。仕事の種類は、マニュアル職、販売職、サービス職が多く、具体的には販売店員、料理人、給仕係、清掃員、レジ係・キャッシャー、倉庫夫・仲仕、介護員・ヘルパー、派遣の事務員などである。平均労働時間はフルタイム労働者より一〜二割少ないだけで、多くがフルタイム並みに働いている。

貧困と隣り合わせだけに、結婚して家族を形成することが難しい。男性では実に六六・四％までが未婚者で、配偶者がいるのはわずか二五・七％である。女性でも未婚者が過半数を占めるが、さらに四三・九％までが離死別を経験していて、このことが貧困の原因になっている。生活に満足している人の比率はわずか一八・六％で、他の人々の半分ほどに過ぎない。

暗い子ども時代を送った人が多い。いじめにあった経験をもつ人が三割を超え、不登校の経験者も一割に達する。中退経験者も多く、約三分の一は、卒業から就職までに空白期間がある。

健康状態にも問題がある。四人に一人は健康状態がよくないと自覚している。心の病気を経験した人の比率は、他の人々の三倍近い二割に上っている。そして多くが、「絶望的な気持ちになることがある」「気がめいって、何をしても気が晴れない」「自分は何の価値もない人間のような気持ちになる」と訴える。

支えになる人も、少ない。親しい人の数は、他に比べて格段に少なく、地域の集まりや趣味の集まり、同窓会などに参加することも少ない。そして将来の生活に、過半数の人々が不安を感じている。

†新しい下層の誕生

資本主義社会の下層階級といえば、かつてはプロレタリアート、つまり労働者階級と決まっていた。自営業者などの旧中間階級を別とすれば、資本主義社会を構成する主要な階級は、経営者などの資本家階級、専門職・管理職などの新中間階級、そして労働者階級であり、労働者階級は最下層のはずだった。

しかし不況下で全体の所得水準が低下しているにもかかわらず、労働者階級のなかの正規雇用の人々だけは所得が上昇し、むしろ新中間階級に接近している。労働者階級の内部に巨大な裂け目ができ、非正規労働者は取り残され、底辺へと沈んでいった。新しい下層階級＝アンダークラスの誕生である。

「アンダークラス」というのは、私の造語ではない。詳しくは第二章で述べるが、階級研究や貧困研究では、かなり以前から使われてきた言葉である。その用法には時代や論者によって違いがあるが、その共通項は、永続的で脱出困難な貧困状態に置かれた人々というところにある。

大都市に大量の失業者・不安定就労者や少数民族の貧困層が集中することの多かった米国や英国とは異なり、日本では最近まで、このような人々が大規模に存在するとは考えられてこなかった。しかし格差が拡大するなか、日本にも正規労働者たちとは明らかに区別できるアンダークラスが誕生し、就業人口の一五％をも占めて、階級構造の重要な要素となるに至ったのである。私が「新しい階級社会」と呼ぶのは、このような新しい社会のあり方のことである。

†フリーター第一世代が五〇代に突入

アンダークラスが増え始めたのは一九八〇年代末のバブル経済期である。バブルを背景に労働需要は増大したが、企業はコスト削減のため、労働力を正規雇用だけではなく、非正規雇用を拡大することによって調達しようとした。このため従来は学生アルバイト、パート主婦、定年後の嘱託など、人生の一時期に限定されることの多かった非正規雇用が、新卒の若者たちにまで広がることになった。これがこの時期、フリーターという呼び名を与えられた若者たちである。バブル崩壊がこの傾向に拍車をかけ、さらに不良債権問題を機に始まった長期不況が、この傾向を恒常化させた。

多くの調査が明らかにしているように、フリーターからの脱出は難しい。日本の企業は中途退職者をあまり採用しないし、その上にフリーター経験者となると、ますます採用されることは難しい。とくに三〇歳代以上となると、脱出は不可能に近くなる。だからフリーターたちは、そのまま年を取って中高年となっていく。

およそ三〇年の時を経て、フリーターの先駆けだった元・若者たちは、すでに五〇歳前後となっている。その多くが、正規雇用を経験することなく、あるいは一時期しか経験することなく、今日に至っている。このような若者たちが、三〇年間にわたって社会に排出され続けてきた。そして離死別を経て、主婦から単身の非正規労働者へと転じた女性たちがここに加わり、巨大なアンダークラスが形成されてきた。アンダークラスを生み出す社会のしくみは、すでに日本の社会に深く根を下ろしてしまっている。

これを現状のまま放置するなら、日本社会は間違いなく危機的な状況を迎える。それを避けるためには、どうすればいいのか。これは現代日本に生きる私たちに課せられた、最大の課題だといっていい。

私は本書で、主に計量的なデータを用いながら、新しい階級社会の構造と動態について、とりわけアンダークラスの窮状について、明らかにしていきたい。そして巨大なアンダークラスを含み込むようになった日本の社会が、いままさに危機的な状況を迎えようとしていることを示していきたい。そしてもし希望があるとすれば、それはどこにあるのか。可能な限りとしかいえないが、最後にはここまで筆を進めていきたいと思う。いかにも重苦しいテーマだが、最後までお付き合い願えれば幸いである。

なお本書では、アンダークラスに焦点を当てるため、これ以外の四つの階級の間にある格差や差異については、最小限しか扱わない。しかしこのことは、これら四つの階級の間の格差を無視していいということではない。これら四つの階級の間の格差を含めた格差の全体像については、前著『新・日本の階級社会』（講談社現代新書）をお読みいただければ幸いである。(2)

注

（1）本書ではさまざまなデータを用いるが、もっとも重要なデータは、二〇一五年に実施されたSSM調査と、二〇一六年に実施された首都圏調査から得られたデータである。SSM調査は正式名称を「社会階層と社会移動全国調査」といい、階級・階層研究を専門とする社会学者の研究グループにより、一九五五年から一〇年ごとに行われている。この調査は階級・階層間の移動の実態を明らかにするため、出身家庭の状況を詳しく尋ねているほか、これまでに就いたすべての職業について答えてもらっている点に特徴がある。二〇一五年の調査は、科学研究費特別推進研究事業（課題番号二五〇〇〇〇〇一）によるものである。二〇一五年の調査対象は全国の二〇－七九歳で、有効回収数は七八一七人だった。データの使用にあたっては二〇一五年SSM調査データ管理委員会の許可を得た。二〇一六年首都圏調査は私を中心とする研究グループによって実施された調査で、調査対象は都心から五〇キロメートル圏内に居住する二〇―六九歳で、有効回収数は二三五一人だった。この調査は、格差と貧困が人々に与える影響を明らかにするため、家計の状態、健康状態や抑うつ・不安、ストレスなどに関する設問が多いところに特徴がある。調査にあたっては、科学研究費補助金（基盤研究A　課題番号一五H〇一九七〇）の交付を受けた。なお二〇一五年SSM調査は住民基本台帳から無作為にサンプルを抽出したが、日本国籍でないものは対象から除外した。また二〇一六年首都圏調査は選挙人名簿からサンプルを抽出したため、調査対象者はすべて日本国籍である。
(2) 本書では、五九歳以下のアンダークラスと六〇歳以上のアンダークラスの違いに注目するため、集計の対象とする年齢層を拡げたこと、また誤解を避けるため、一部の変数で極端な値を取るサンプルを除外して集計したことなど、前著とは集計の仕方を変えている部分がある。このため同様の集計でありながら、数字が前著と違っている部分がある。とくに第四章の集計では、六〇歳以上をすべて除外したため、前著の第三章の集計とはかなり数字が違う。この点、お断りしておく。

第一章

新しい階級社会の誕生

1 「貧困」の境界

貧困率とは、その名のとおり、ある社会において貧困状態にある人々が全体に占める比率のことをいう。厚生労働省によると、二〇一五年の日本の貧困率は一五・六％だった(『平成二八年　国民生活基礎調査の概況』)。一九八五年は一二・〇％だったから、この三〇年間で三・六％も上昇している。前回調査の二〇一二年は一六・一％だったから、わずかに下がったとはいえ、依然として高い水準だ。OECDが行った国際比較によると、日本の貧困率はOECD加盟国平均の一〇・四％を大きく上回っており、メキシコ、米国、トルコ、アイルランドに次いで第五位で、主要先進国中では米国についで二番目に高い。

日本の人口は約一億二六五〇万人だから、一五・六％が貧困層だとすると、人数では一九七〇万人ほどになる。たいへんな数である。しかし、あまり実感がわかないという人も多いのではないだろうか。

それには理由がある。貧困に陥るリスクは、学歴、年齢、性別、職業、企業規模、居住地などによって大きく異なっているからである。おそらく本書の読者の大部分は、大学を出ていて、貧困に陥るリスクが比較的小さい人々だろう。しかも私たちは普通、仕事の上でもふだんの人付き合いでも、同じような学歴で同じような職業の人々、あるいは近所の人々としか交わらないことが多い。だから大卒で大企業に勤めるホワイトカラーだったり、大都市郊外の一戸建て住宅地に住んでいるなど、貧困率の低いグループに属している人には、貧困層が増加しているという実感がわかなくても不思議ではない。

次のグラフをみていただきたい（図表1－1）。これは貧困率を、男女別・学歴別・年齢別にみたものである。[1] まず男性をみると、二〇歳代では大卒・非大卒とも貧困率が高くなっているのがわかる。差はわずかとはいえ、大卒者の貧困率が非大卒者より高いというのは意外だが、一部にひとり暮しの学生やフリーターが含まれるからだろう。[2] しかし三〇歳代以上になると、大卒者の貧困率は三％台にまで下がり、ほぼ貧困とは無縁になるといえ

図表 1-1　性別・学歴別・年齢別にみた貧困率

（1）男性

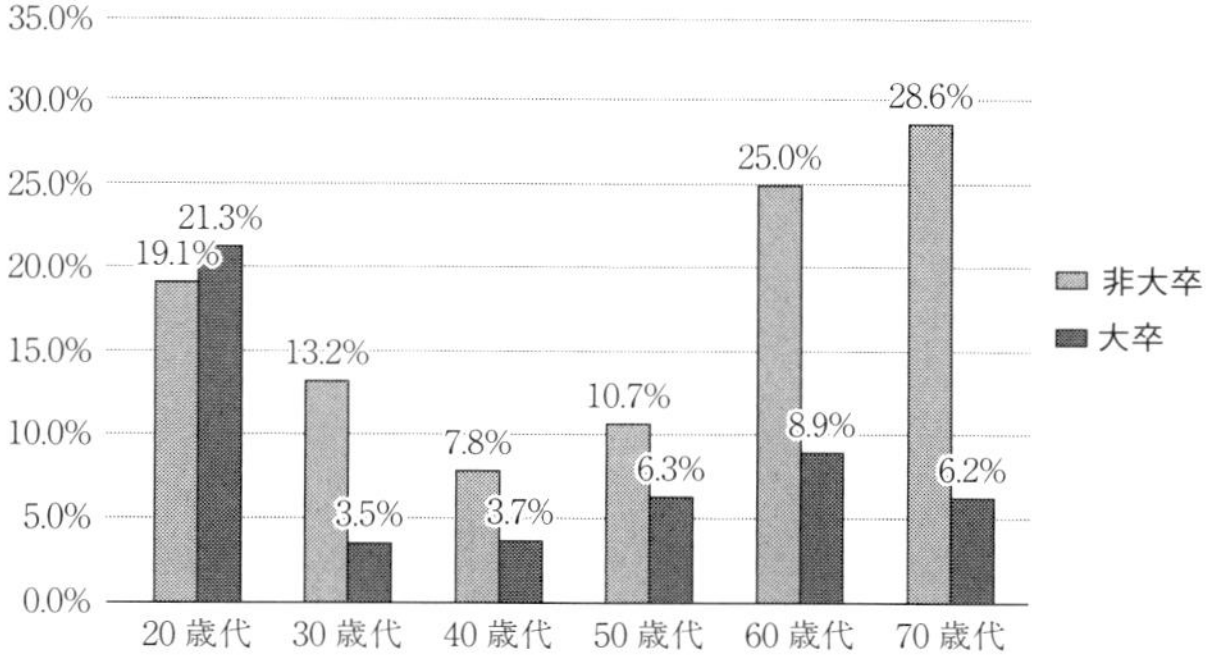

（2）女性

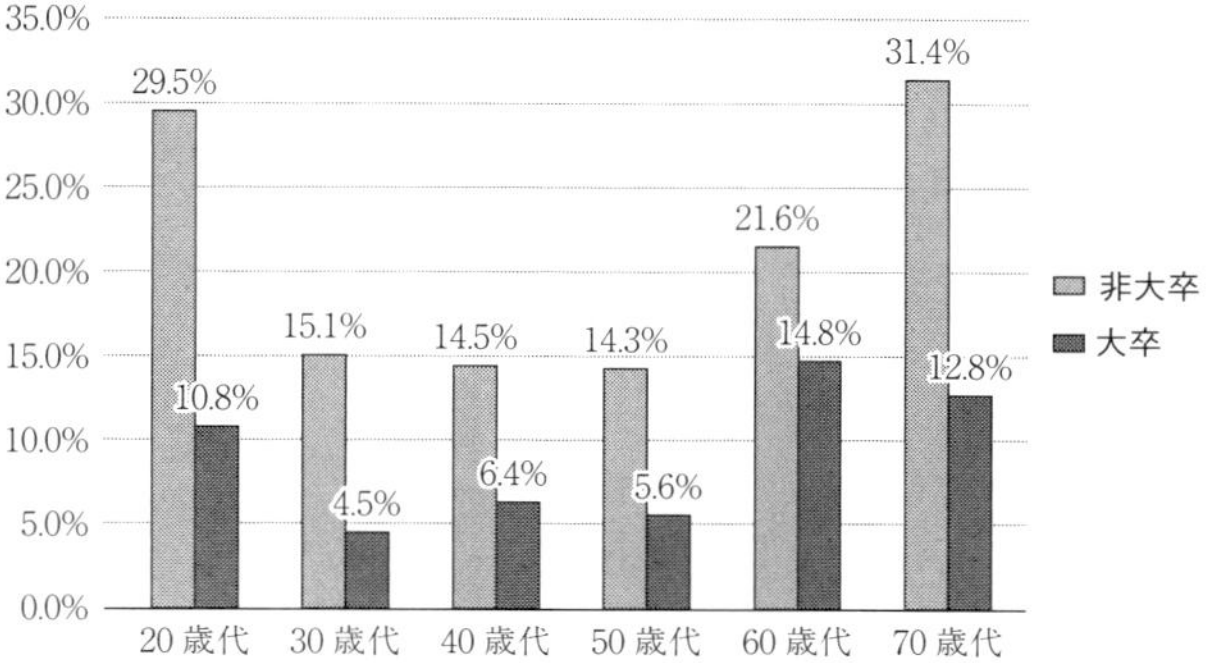

出典）2015 年 SSM 調査データより算出。

る。高齢になるとやや高くなるが、それでも一〇%を大幅に下回る。これに対して非大卒者は、三〇歳代から五〇歳代は低いといっていいが、六〇歳代では二五%に跳ね上がり、七〇歳代では二八・六%に達する。大卒者と非大卒者で、受け取る年金の額が大きく異なるからだろう。大卒高齢男性と非大卒高齢男性は、まったく異なる老後を送っているようである。

女性でも学歴による差ははっきりしている。大卒者の貧困率は、三〇—五〇歳代では男性と同様に低い。高齢になると、離死別女性が増えることからやや高くなるが、それでも一五%を超えることはない。これに対して非大卒者は、二〇歳代では三〇%近く、三〇—五〇歳代は一五%前後だが、六〇歳代になると大きく跳ね上がり、七〇歳代では三一・四%に達している。

このように貧困率は、学歴と年齢によって大きく異なる。誰でもいずれは年を取るが、自分の将来の生活については、ある程度まで予想がつく。だから非大卒の現役世代ならば、非大卒高齢者の老後をある程度イメージできるはずだ。しかし大卒者にとって、非大卒高齢者の貧困な生活は、なかなか想像しにくいだろう。そして貧困率は、性別によっても異なる。夫婦が同居する家族なら、家計をともにする夫の貧困率と妻の貧困率は同じになる。

しかし実際には、ひとり暮し世帯やひとり親世帯があり、その世帯主の多くは女性である。そのうえ男性と女性では、賃金も老後の年金の額も違うから、貧困率も違ってくるのである。

社会学者の吉川徹は、ここに注目し、五九歳以下の現役世代を、①学歴が大卒か非大卒か、②生まれたのが一九七五年以前か以後か、③男性か女性かに注目して、二×二×二＝八種類のグループに分けて、これらの間の格差を分析している。その結果、これら八つのグループの間には、大卒壮年男性を頂点、非大卒若年男性を底辺とする厳しい序列の構造があることが明らかになった。ここから吉川は、日本社会は学歴・出生年・性別という、変えようにも変えることのできない属性によって分断された「分断社会」だと論じている(『日本の分断』)。年齢と性別による違いは、本書のテーマであるアンダークラスにとっても重要なので、あとで取り上げることにしたい。

2　居住地と経済格差

居住地による違いも大きい。東京二三区を例に取れば、都心の中央区・千代田区・港区・渋谷区などには高所得者が多く、都心の西側の目黒区・世田谷区・杉並区などには高所得者から中所得者が多いのに対して、東側の足立区・葛飾区・荒川区・江戸川区などには低所得者が多い。一人あたりの課税対象所得額をみれば、もっとも高いのは港区の六四七・七万円、次いで千代田区の五五〇・三万円、反対にもっとも低いのは足立区の一六一・五万円、次いで葛飾区の一六八・七万円で、港区と足立区の間には四倍もの格差がある(総務省『市町村税課税状況の調』より算出、二〇一六年度・年額)。各特別区の内部にも格差はあり、もっとも豊かな港区でも、年収一〇〇万円未満の世帯が二・一%、一〇〇万円から二〇〇万円の世帯が五・九%ある(『住宅・土地統計調査』二〇一三年)。

†貧困層はまんべんなく広がりつつある

地域をさらに広く取ってみよう。都心から半径六〇キロメートルの範囲について、一キロメートル四方の地域メッシュを単位に集計された国勢調査メッシュ統計を用いて、各メッシュの平均所得を推定した結果を地図上に示したのが、図表1-2aである。[3] 人口が少ない地域では推定誤差が大きくなるので、人口一〇〇人未満のメッシュ(皇居付近や山間部、河川敷など)は空白にしておいた。

平均年収が高いのは、まず皇居を取り巻く都心で、八〇〇万円、あるいは七〇〇万円を超える地域がずらりと並んでいる。次に目立つのは、超高級住宅地として知られる世田谷区の成城から、瀬田、野毛、等々力を経て大田区の田園調布に至る帯状の地域、川崎市北部と横浜市中心部、鎌倉市周辺、東京から浦安市にかけての湾岸地域の一部、筑波学園都市などである。反対に東京二三区の東北部から埼玉県東部にかけてと、都心から三〇キロメートル以遠の周辺部は、所得水準が低い。ただしＪＲ線の沿線地域は、やや所得水準が高くなっている。もちろん、所得水準の高い地域には大卒者が多く、低い地域には非大卒者が多い。

そして貧困層は、貧困率が高くなった今日ではある程度までまんべんなく分布するようになってはいるものの、やはり特定地域に集中する傾向も強い。図表１－２ｂは、同様の方法で、各地域メッシュごとに年収二〇〇万円未満世帯比率を推定し、これを地図上で示したものである(4)。貧困率そのものではないが、貧困率にかなり近い指標になっているとみていいだろう。貧困率の高い地域は、外周部、とくにＪＲ線から遠い地域に多い。

ただし外周部の場合、人口そのものが少なく、数少ない人口の多くが高齢者であるために、年収二〇〇万円未満世帯の比率が高くなっている地域が多いと考えられる。貧困層の

図表 1-2a　首都圏の平均世帯年収推定値（1 km メッシュ単位・2010 年）

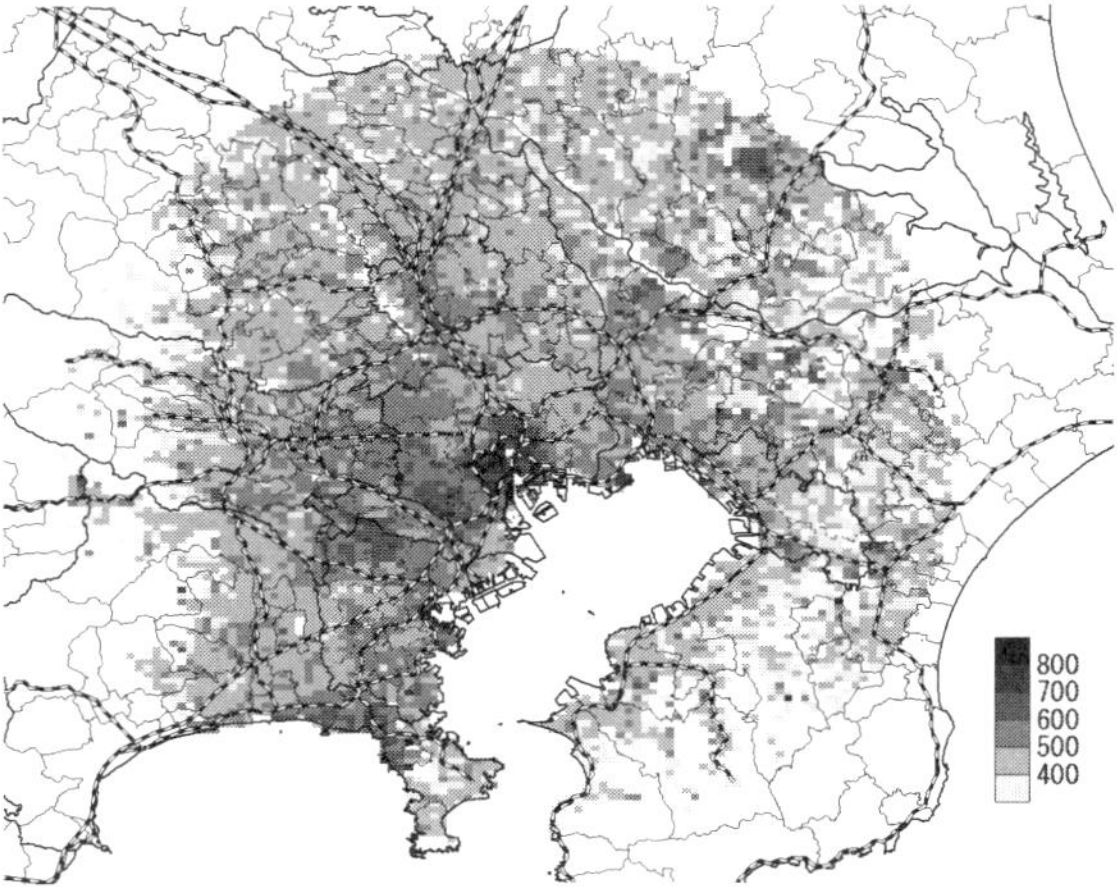

出典）「国勢調査」「住宅・土地統計調査」よりメッシュ単位で推定。

図表 1-2b　首都圏の年収 200 万円未満世帯比率推定値
（1 km メッシュ単位・2010 年）

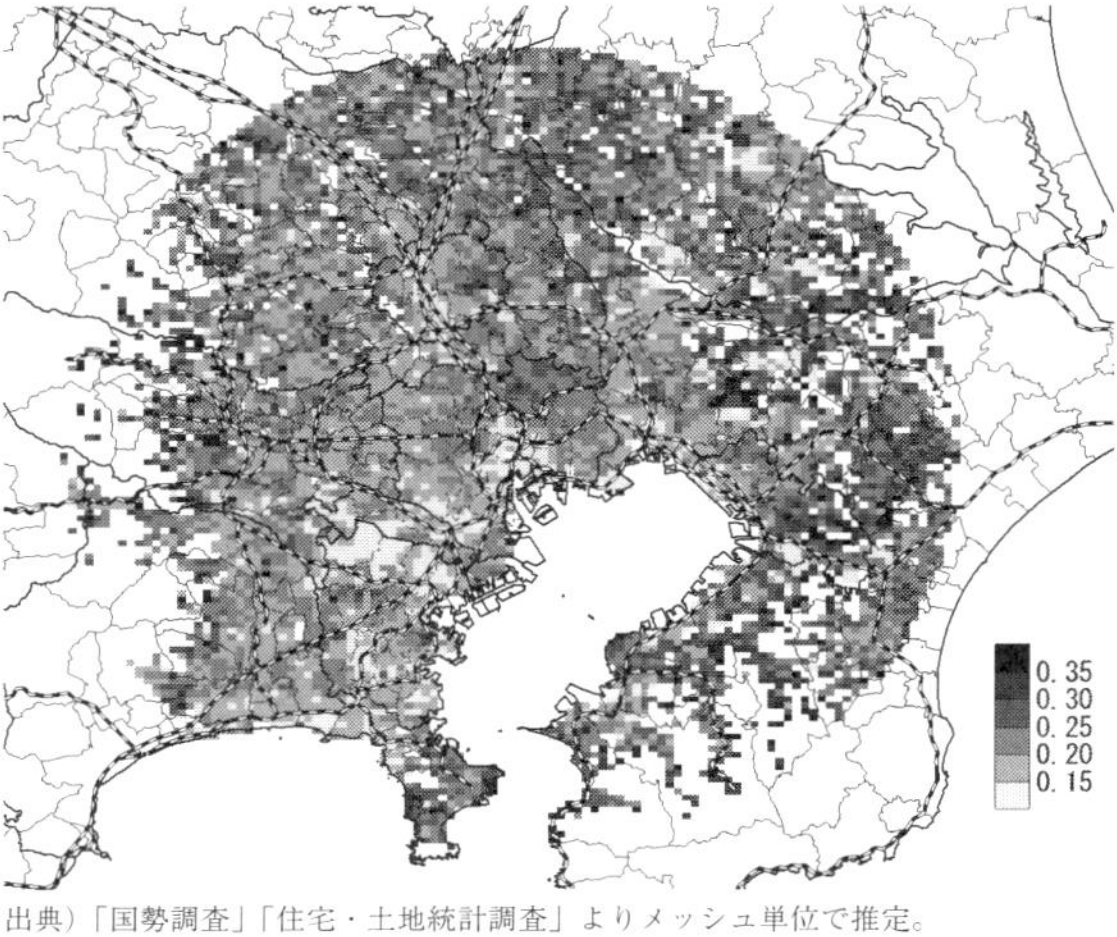

出典）「国勢調査」「住宅・土地統計調査」よりメッシュ単位で推定。

図表 1-2c　首都圏の年収 200 万円未満世帯人口推定値
（1 km メッシュ単位・2010 年）

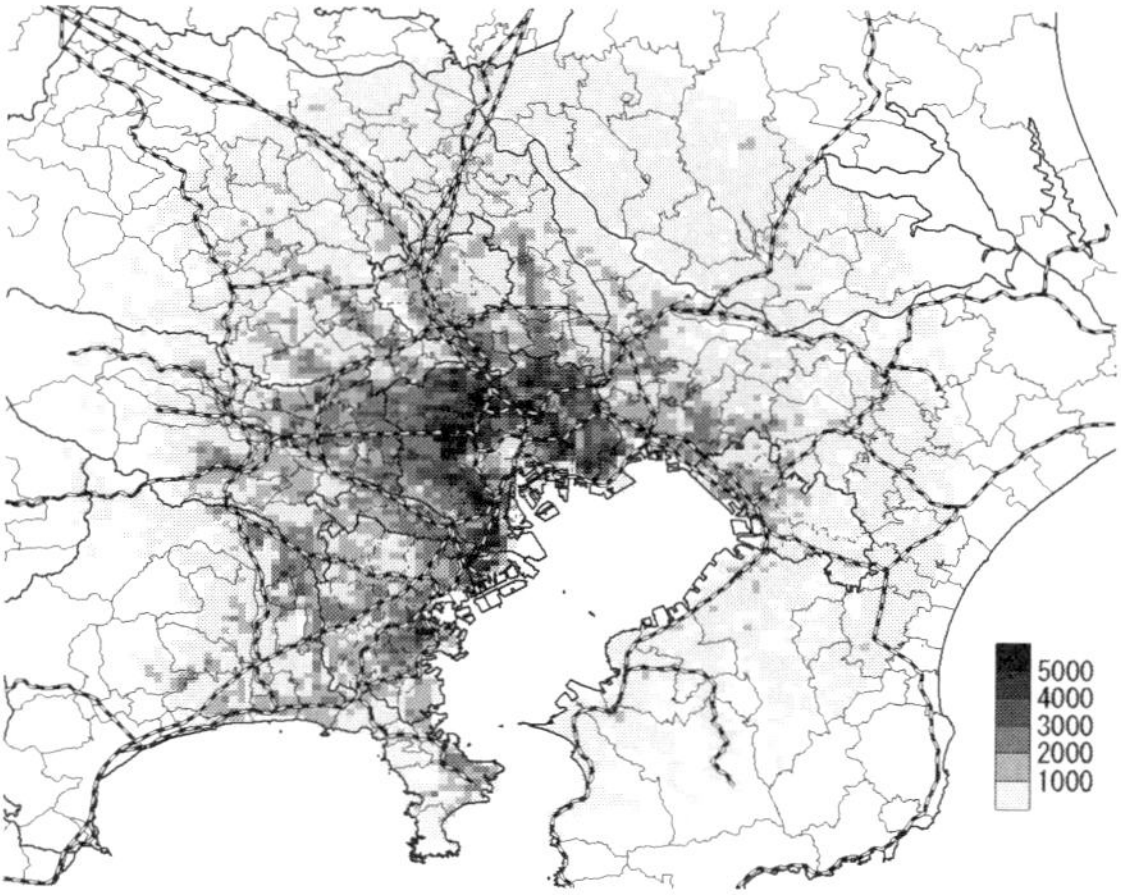

出典）「国勢調査」「住宅・土地統計調査」よりメッシュ単位で推定。

図表 1-3　人口 4000 人以上で年収 200 万円未満世帯比率推定値が 30% を超える地域メッシュ

所在市町村と主な施設	年収 200 万未満世帯比率推定値	平均世帯年収推定値（万円）
茨城県つくば市（大学学生寮）	34.8%	318.9
神奈川県横浜市（簡易宿泊所）	33.9%	418.0
東京都八王子市（都営住宅）	33.9%	330.8
東京都昭島市（公営住宅）	33.3%	312.1
東京都足立区（都営住宅）	32.7%	346.9
神奈川県横須賀市（公営住宅）	32.4%	343.8
東京都武蔵村山市（都営住宅）	32.4%	338.7
神奈川県秦野市（UR 団地）	31.9%	300.6
東京都新宿区（歌舞伎町）	31.6%	457.3
東京都足立区（都営住宅）	31.4%	362.7
神奈川県大和市（公営住宅）	30.5%	328.1
千葉県我孫子市（UR 団地）	30.3%	324.9
神奈川県横浜市（狭小住宅密集地）	30.2%	414.0
神奈川県横浜市（公営住宅）	30.0%	351.2

出典）「住宅・土地統計調査（2013 年）」と「国勢調査（2010 年）」により推計。
注）1 km メッシュ単位で推計したものであり、所在市町村全体の年収を示すものではない。

比率の大きい地域と、貧困層の数の多い地域は、いちおう別だろう。そこで年収二〇〇万世帯の比率の推定値に人口をかけて、貧困層の人数（推定値）の分布をみたのが図表1－2cである。これをみると貧困層は、山手線のすぐ外側を取り囲むように、西側では山手通りと環状七号線、北側と東側では明治通りと環状七号線の近辺に集中していることがわかる。横浜市と川崎市の中心部にも貧困層の多い地域がある。

もう少し細かくみてみよう。図表1－3は、人口四〇〇〇人以上の地域メッシュのうち、年収二〇〇万円未満世帯の比率の推定値がとくに高かった地域を示したものである。トップの大学学生寮と、二番目の簡易宿泊所密集地はやや特殊だが、他の多くは公営またはURの団地の立地している地域、あるいは狭小な木造住宅が密集した地域である。こうした狭い地域に貧困層が集住していることが、それ以外の地域に住む人にとって貧困が見えにくくなる、ひとつの原因と考えられる。

3　所属と格差

さて、貧困に陥るか否かと密接に関係する、さらに重要な要因がある。それは、所属階級である。序章では簡単に触れたが、現代社会を構成する階級について、ここでまとめておこう。

階級とは、経済的地位の違いによって区別される人々の集群（グルーピング）のことである。ここで経済的地位は、人々がもっている経済的な資産の種類や量の違いによって決定される。そして現代の階級理論では、経済的資産には生産手段、組織において占める地位、技能・資格の三種類があるとされている。(5)

もっとも重要な経済的資産は、生産手段である。生産手段とは、生産活動を行うのに必要な道具、機械、建物、原料などのことである。資本主義社会の特徴は、農民や商工業を営む自営業者が人口の多数を占めていた前近代社会と異なり、生産手段の大部分が一部の人々に集中的に所有されているところにあり、これら生産手段の所有者のことを資本家、資本家からなる階級を資本家階級と呼ぶ。これに対して他の大部分の人々は、生産手段を所有していない。このためこれらの人々は、資本家階級に対して自分の労働力を提供し、その見返りとして賃金を得て生活する。つまり資本主義社会では、労働力が金銭で売買される一種の商品となっているのである。このように自分の労働力を販売して生活する人々を労働者、労働者からなる階級を労働者階級という。

しかし資本主義が発達するにつれて、生産活動の規模は大きくなり、労働者の管理・監督や、生産工程の設計や管理などの仕事を、資本家階級自身が行うことが難しくなる。このためこうした仕事は、一部の労働者に委ねられる。これらの労働者は、企業組織のなかで一定の地位を与えられたり、あるいは特殊な技能や資格をもっていることから、こうした仕事を担うようになるのである。つまりこれらの労働者は、労働力を販売して生活する労働者という側面をもちながらも、仕事の内容からみると、むしろ資本家に近い役割を担っていることになる。そこでこれらの人々を中間階級、しかも資本主義の発達とともに新たに生み出されてきた階級という意味で、新中間階級と呼ぶ。

他方、資本主義が発達しても、前近代から存在していた農民層や自営業者が消滅するわけではない。これらの人々は、少量の生産手段を所有していて、これを自分一人で、あるいは家族を含めたわずかな人数で運用し、生活活動を行っている。したがってこれらの人々は、生産手段の所有者という点では資本家と共通だが、生産手段を使ってみずから生産活動に従事しているという点では、労働者と共通している。だから、これらの人々も中間階級であり、前近代から存在する古い階級という意味で、旧中間階級と呼ぶことができる。

以上のような四つの階級の相互関係は、図表1－4のように図式化することができる。

図表 1-4　現代社会の階級構造

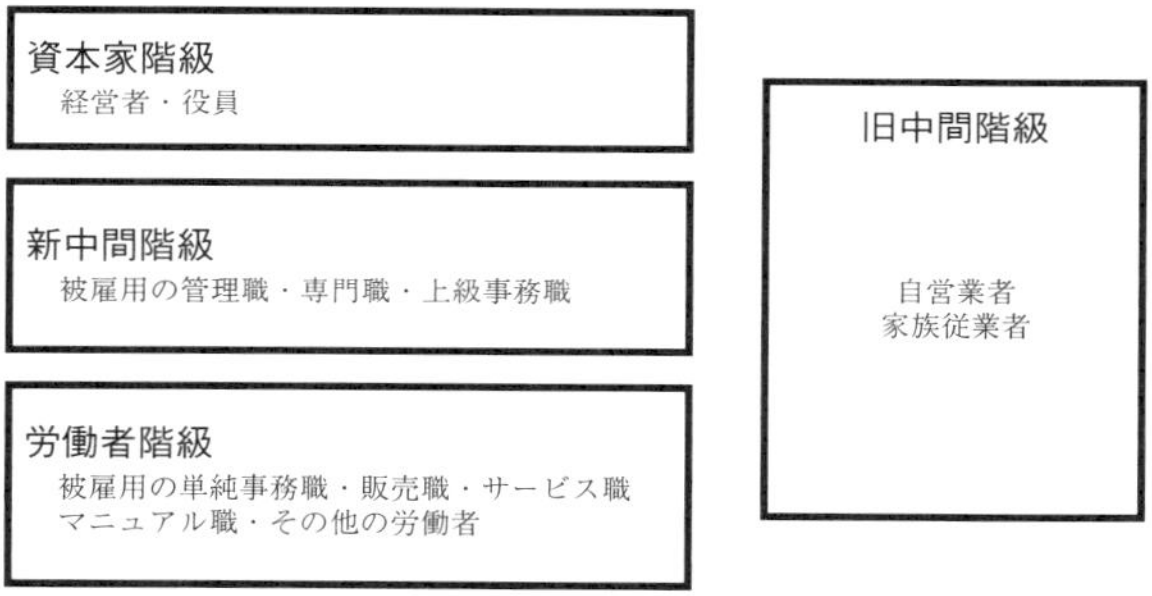

図表 1-5　各階級の規模と階級間の経済格差

	資本家階級	新中間階級	労働者階級	旧中間階級	全体
人数（万人）	254.4	1285.5	3905.9	806.0	6251.8
構成比（%）	4.1	20.6	62.5	12.9	100.0
平均年齢（歳）	54.5	44.5	46.8	59.1	48.7
女性比率（%）	35.2	36.8	57.1	39.4	47.8
個人年収（万円）	604	499	263	303	349
世帯年収（万円）	1060	798	564	587	663
資産総額（万円）	4863	2353	1582	2917	2211
貧困率（%）	4.2	2.6	12.2	17.2	9.8
「中より上」意識（%）	56.2	42.8	24.5	31.0	32.1
「下流」意識（%）	10.1	10.5	25.2	22.9	20.1

出典）人数と構成比は「就業構造基本調査（2012年）」より算出。全年齢で、在学者を含まない。構成比の母数には従業上の地位と職種が不明のものを含まない。その他は2015年SSM調査データより算出。20-79歳。

注）「中より上」意識と「下流」意識は、それぞれ「上」「中の上」「中の下」「下の上」「下の下」のうち「上」と「中の上」の合計と、「下の上」「下の下」の合計。

左側は、資本主義の世界に位置する三つの階級——資本家階級・新中間階級・労働者階級である。これに対して右側は、自営業の世界に位置する一つの階級——旧中間階級である。これら四つの階級の間には、厳然とした格差の構造がある。いやむしろ、現代社会の格差構造は、これら四つの階級を基礎として生み出されているのである。これを示したのが、図表1-5である。(6)

†これまでの格差構造

資本家階級は二五四・四万人で、就業人口の四・一%を占める。平均年齢は五四・五歳である。女性比率は三五・二%と意外に大きいが、これは夫の経営する零細企業で役員を務めているケースが多いからである。個人年収が六〇四万円と、四つの階級のなかでもっとも多いとはいえ、経営者という割に高いとはいえないのもこのためで、男女別にみると男性が七八一万円、女性は二九六万円と大きな差がある。零細企業主の妻は、表向きは役員でも、十分な報酬を受け取っていないことが多いからである。だからこの階級の豊かさは、世帯年収(平均一〇六〇万円)でみた方がはっきりする。総資産も四八六三万円と、他の階級に大きな差をつけている。そして貧困率は四・二%と低い。そして五六・二%の人々が、自分は社会全体で「中より上」に位置していると考えており、「下」に位置していると考える人（「下流」意識をもつ人）は一〇・一％に過ぎない。

新中間階級は一二八五・五万人で、構成比は二〇・六％。平均年齢四四・五歳で、女性比率は三六・八％である。個人年収は四九九万円、世帯年収は七九八万円で、資本家階級には大きく水をあけられているが、かなり豊かだといっていい。貧困率はわずか二・六％で、貧困とはほぼ無縁である。しかし総資産は二三五三万円とあまり多いとはいえず、資本家階級の半分以下で、旧中間階級にも後れを取っている。四二・八％の人は自分は「中より上」だと考えており、「下流」意識をもつ人は一〇・五％にとどまっている。

労働者階級は三九〇五・九万人と、全体の六二・五％を占める最大規模の階級である。平均年齢四六・八歳、女性比率が五七・一％で、女性の方が多い。個人年収は二六三万円と少なく、新中間階級の半分程度に過ぎない。しかし世帯年収は五六四万円で、それなりの水準になっている。その理由については、次の節で考えることにする。総資産は一五八二万円と少ない。そして貧困率は一二・二％とやや高い。そして自分を「中より上」と考える人の比率は二四・五％にとどまっており、二五・二％は「下流」意識をもっている。

旧中間階級は八〇六万人で、構成比は一二・九％。平均年齢が五九・一歳と高く、女性比率はほぼ四割である。個人年収は三〇三万円、世帯年収は五八七万円で、いずれも労働者階級よりは多いが、それほど差があるわけではない。しかし自営業だけに不動産資産がかなりあり、総資産は二九一七万円とかなり多い。しかし旧中間階級の内部には大きな格差があり、苦しいなかで細々と商売を続けているようなケースも多いから、貧困率は一七・二％で、かなり高い。自分を「中より上」と考える人は三一％で、労働者階級よりわずかに多い。

ちなみに全体の貧困率が九・八％となっていて、厚生労働省が公表している二〇一五年の貧困率一五・六％に比べるとかなり低いが、これは四つの階級はすべて職業がある人から構成されていて、失業者や無職者を含まないからである。

4 正規と非正規の壁

さて四つの階級の間の経済格差について、基本的なところを確認したが、やや違和感の残る部分がある。それは、労働者階級の収入と貧困率である。個人年収は二六三万円と、高卒者の初任給程度にしかならないのに、世帯収入がこの二倍を大きく超える五六四万円にもなるのはなぜだろう。個人収入、世帯収入とも旧中間階級より少ないのに、貧困率が一二・二％にとどまっているのはなぜだろう。

それは労働者階級が、互いに異質ないくつかのグループから成り立っているからである。それは第一に、正規労働者か非正規労働者かの違いである。労働者階級は全部で三九〇五・九万人だが、このうち正規雇用は二一九二・五万人、非正規雇用は一七一三・五万人で、両者の比率はほぼ五六：四四である。もちろん、両者の賃金水準はまったく異なる。先の個人年収、世帯年収、貧困率は、両者をひとまとめにして計算したものである。

第二に、同じ非正規労働者でも、パート主婦とそれ以外の間には大きな違いがある。パート主婦（ここでは配偶者のいる女性の非正規労働者という意味で用いる）は通常、家計収入の基本的な部分を夫が支えていて、家計補助的に働く人々である。だから、たとえば本人が時給九〇〇円の低賃金労働者だったとしても、必ずしも貧困状態にあるわけではない。本人の収入は少なくても、家計収入は少なくないことが多いからである。しかしパート主婦以外、つまり男性と単身女性の非正規労働者は、低賃金でありながら家計を中心になって支えている可能性が高い。当然、貧困状態に陥りやすい。

第三に、年金受給の有無である。近年、年金が受給できる年齢になって以降も、非正規で働いている人が増加している。これらの人々は、非正規の賃金によって年金収入を補っているわけだから、他の年代のパート主婦以外の非正規労働者に比べれば収入が多くなる。したがって貧困状態に陥るリスクは、それほど大きくない。

†労働者のなかで最も生活が苦しいのは？

そこで労働者階級の内部をいくつかに分け、それぞれの経済状態を示したのが、図表1−6である。

正規労働者は、平均年齢が四一・九歳と若い。個人年収は三七〇万円と、労働者階級全体でみた場合の約一・四倍であり、旧中間階級をかなり上回っている。世帯年収も六三〇万円で、旧中間階級を上回る。若いだけに資産は多いとはいえないが、貧困率は七％と低く、貧困に陥るリスクはかなり小さい人々だといっていい。

パート主婦はどうか。平均年齢は五〇・四歳。個人年収は一一六万円と少ないが、これは労働時間そのものが短い人が多いことによるところが大きい。そして世帯年収は六〇〇万円で、正規労働者に引けを取らない。ちなみに夫の平均年収は四四三万円である。総資産は一九五四万円と、かなり多い。貧困率は八・三％で、高くはない。

図表 1-6　労働者階級内部の格差構造

	平均年齢（歳）	個人年収（万円）	世帯年収（万円）	総資産（万円）	貧困率（%）
正規労働者	41.9	370	630	1428	7.0
パート主婦	50.4	116	600	1954	8.3
パート主婦以外の非正規労働者（全体）	52.1	227	391	1467	27.5
パート主婦以外の非正規労働者（年金受給者）	66.8	257	410	1825	18.5
パート主婦以外の非正規労働者（年金受給者を除く）	41.9	207	374	1179	35.6

出典）2015年SSM調査データより算出。20-79歳。

最後が、パート主婦以外の非正規労働者である。平均年齢は五二・一歳とやや高く、個人年収は二二七万円と、正規労働者の六割ほどに過ぎない。世帯年収も三九一万円と少ない。総資産は正規労働者と同じくらいだが、貧困率は二七・五%と非常に高い。

しかしこの非正規労働者には、公的年金受給者が含まれる。公的年金受給者とそれ以外を区別してみると、両者の経済状態がかなり異なることがわかる。

公的年金受給者は、当然ながら平均年齢が六六・八歳と高い。個人年収は二五七万円と、パート主婦以外の非正規労働者の全体平均より多いが、ここには公的年金が含まれる。年金収入は一二九万円で、月あたりにならすと一一万円を切っているが、基礎年金（最高額は月額六万五〇〇〇円程度）を上回っていることからわかるように、かつて正社員として働き、厚生年金を受け取っている人々が含まれる。しかし生活に十分な額にはほど遠く、これにほぼ同額の非正規労働による収入が加わって、家計が成り立っているのである。貧困率は一八・五％とやや低いが、これは言い換えるなら、非正規の職で働かない限り貧困に陥ってしまうということである。

公的年金受給者以外は、どうか。平均年齢は四一・九歳と若い。個人年収は二〇七万円と低く、世帯年収も三七四万円にとどまる。総資産が一一七九万円あるが、これは持ち家のある人がいるからで、金融資産に限ると五五八万円にとどまる。そして貧困率は、三五・六％に達している。もっとも生活が苦しい人々である。

5 アンダークラスが生まれるまで

以上から、現代日本において、もっとも貧困に陥りやすい人々の姿が見えてきた。それはパート主婦以外、つまり男性と単身女性の非正規労働者たちであり、なかでももっとも苦しい状況にあるのは、五〇歳代以下の比較的若い世代の人々である。

これらの人々は、どのようにして貧困と隣り合わせの生活へと導かれてきたのだろうか。

その主要な起源は、バブル経済期にあったといっていい。

一九八六年前後から、地価と株価の急上昇が始まって、日本はバブル経済の時期を迎えた。株価は八五年から八九年の五年間で二・九七倍に上昇した。地価は少し遅れて上昇を始め、八九年の時点では一・二八倍、九一年には一・六二倍となり、東京圏に限れば平均でも二倍以上、都心の一等地は五―六倍にもなった。大企業の資産は増大し、設備投資が盛んになって、景気はよくなった。

雇用も拡大したが、問題はその中身である。オイルショックのあと雇用は低迷し、一九七八年(一―三月期、以下同じ)には有効求人倍率が、パート労働者で〇・九三倍、パート以外の一般労働者で〇・五二倍にまで低下していた。その後、次第に回復するのだが、一般労働者の求人倍率がわずかな回復にとどまったのに対して、パートの求人倍率は上昇を続け、八〇年には一・四三倍(一般労働者〇・七五倍)、八五年は一・五三倍(同〇・六四倍)、八九年には三・七五倍(同一・〇四倍)に達した(『労働経済白書』二〇〇五年)。序章でも触れたように、企業はコスト削減のため、労働力の調達を非正規雇用に頼るようになっていたのである。その結果、八五年から九〇年の間に、正規労働者が一四五万人の増加にとどまったのに対して、非正規雇用者は二二六万人増え、役員を除く雇用者の二〇%

を初めて突破した。その多くは女性だったが、男性の非正規雇用者も着実に増え、この時期までには男性でもパート・アルバイトの数が、それまで企業で働く男性非正規雇用者の典型だった、定年後の再雇用を含む嘱託・契約社員の数を上回るようになった。非正規雇用者はその後、二〇〇五年までの二〇年間で、年平均約四七万人のペースで増え続けた。

†どのような人たちが非正規労働になるのか

リクルート社が「フリーター」という言葉を使い始めたのは、一九八七年である。英語の「フリー」と、もともとはドイツ語で労働者という意味だが、転じて「アルバイトをする人」という意味で使われるようになった「アルバイター」をつなげた「フリーアルバイター」という言葉は、少し前から一部で使われるようになっていたが、これを略したのが「フリーター」である。生みの親はリクルート社のアルバイト情報誌「フロム・エー」の編集長だった道下裕史で、彼によるとこれは「人生を真剣に考えているからこそ就職しない」「夢の実現のために自由な時間を確保しようと、定職に就かずに頑張っている人」という意味を込めた言葉で、「フロム・エー」の大事な読者層を応援したいという意図があったという（道下裕史「フリーター生みの親が語る」）。リクルート社は同じ年、『フリーター』（横山博人監督）というタイトルの映画まで制作し、「近頃、社会を自由型で泳ぐ奴らがいる」「バイトも完全就職も超えたいま一番新しい究極の仕事人・フリーター」などと、フリーターに対する華やかで楽観的なイメージを振りまいた。この時期に非正規労働者として社会に出た若者たちを、フリーター第一世代と呼ぶことができるだろう。

こうして学校を出た若者たちの一部が、非正規労働者として労働市場に参入するという流れができ、これが定着した。この流れが一段と太くなったのが、就職氷河期と呼ばれる就職難の時期である。就職状況が急激に悪化した、二〇〇〇年を例に取ろう。この年、大学を卒業したのは五三万八六八三人だったが、このうち就職したのは三〇万六八七人で、卒業者に対する比率はわずか五五・八％である。母数から大学院等進学者と臨床研修医を除外しても、六三・三％にしかならない。就職者以外の人数をみると、文字通りフリーターと考えられる「一時的な仕事に就いた者」が二万二六三三人。進学も就職もしなかったという意味で使われている「左記以外の者」が一二万一〇八三人だが、その多くはアルバイトをしながら生活するフリーター、あるいはアルバイトもしない、いわゆる「ニート」だろう。このほかに「死亡・不詳の者」が三万六八八人いるが、これは死亡したことがはっきりしているごく少数の卒業者を除いて、大部分が大学に進路を届け出なかったものであり、実質はフリーターまたはニートと考えられる。以上をフリーター・無業者とひとまとめにすれば、その人数は一七万四四〇四人で、大学院等進学者と臨床研究医を除く卒業者に占める比率は三六・七％に上る。

同じ人数を他の学校の卒業者について計算すると、短期大学では六万一四六一人（進学者を除く卒業者に占める比率は三八・二％）、高等学校では一三万三〇七六人（同三五・五％）、中学校では二万三二九人（同六〇・九％）、合計すると三八万九二七〇人（同三七・三％）となる。信頼できる統計は存在しないが、これに大学や高校を中退したり、専修学校を卒業したりした若者たちを加えれば四〇万人をはるかに超え、おそらくは五〇万人近くに達していたものと思われる。

大卒者に限っても、フリーター・無業者の比率は二〇〇四年まで三割を超え、その後も求人状況によって変動しながら、最近まで二割前後で推移してきた（二〇一七年は一一・六％と低下している）。一九九〇年からの累積では、三〇〇万人を超えている。バブル期、就職氷河期、そしてその後も、膨大な数の若い非正規労働者が排出されてきたのである。

†離婚、死別女性が非正規に

図表 1-7　女性の配偶関係別・年齢別就業率

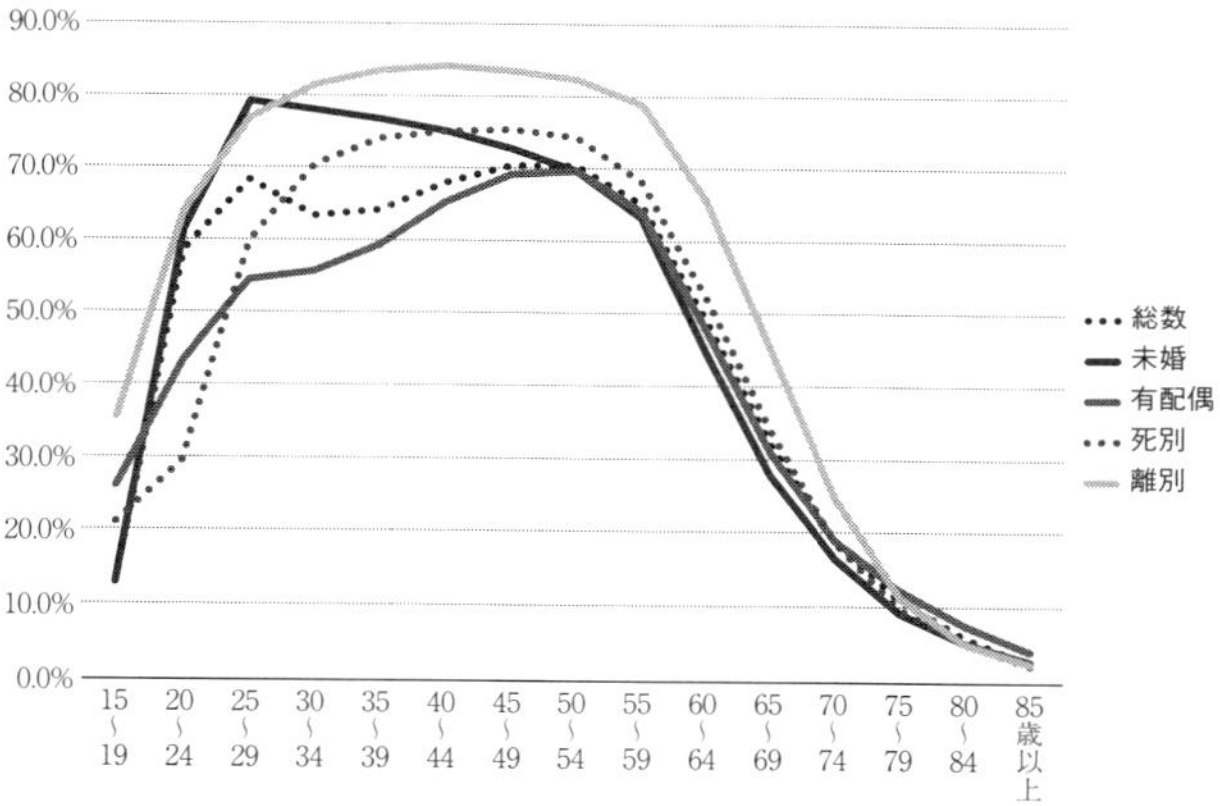

出典）『国勢調査』（2015年）より作成。

もうひとつ、非正規労働者へと向かう重要な流れがある。それは、離死別女性である。パート主婦だった女性が、夫と離別あるいは死別して、そのまま仕事を続けたとすれば、パート主婦ではない非正規労働者になる。専業主婦だった女性ならば、生活のため仕事を始めなければならないが、その多くは非正規労働者になる。

図表1－7は、女性の就業率を配偶関係別にみたものである。まず総数でみると、よく知られているように、就業率は新卒者が一斉に就職したあとの二〇歳代後半にピークを迎え、結婚・出産する女性が多い三〇歳代で低下し、パートなどでの再就業が増える四〇歳代で増加するという、M字型

のカーブを描いている。しかし就業率は、配偶関係によって大きく異なる。離死別者の就業率は若年者と高齢者を除いて有配偶者より高く、とくに離別した二〇―三〇歳代女性の就業率は、有配偶者を二〇%以上も上回っている。多くの女性が、離別を機に新たに就業していることがわかる。しかし、その多くは非正規労働者だろう。

対象は子どものいる女性に限られるが、厚生労働省の『全国ひとり親世帯等調査』(二〇〇六年)によると、離死別等によって母子世帯になる前に就業していなかった母親のうち、六八・二%までが母子世帯になったのを機に働き始めている。その内訳は四九・四%がパート・アルバイト等、四・五%が派遣社員で、正規の職員・従業員は四〇・九%だった。そして母子世帯の母親がパート・アルバイト等として働いた場合の平均年収は、わずか一三三万円である。

†非正規の状況は悪化の一途

このように一九九〇年代以降、学校を出たばかりの若者たちが非正規労働者になるという、太い流れが作られてきた。また離別する女性は、一九九〇年代に大幅に増加した。近年はやや減少しているとはいえ、離婚件数は依然として年間二〇万件を超える高い水準に

図表1-8　性別・配偶関係別にみた非正規労働者の人数

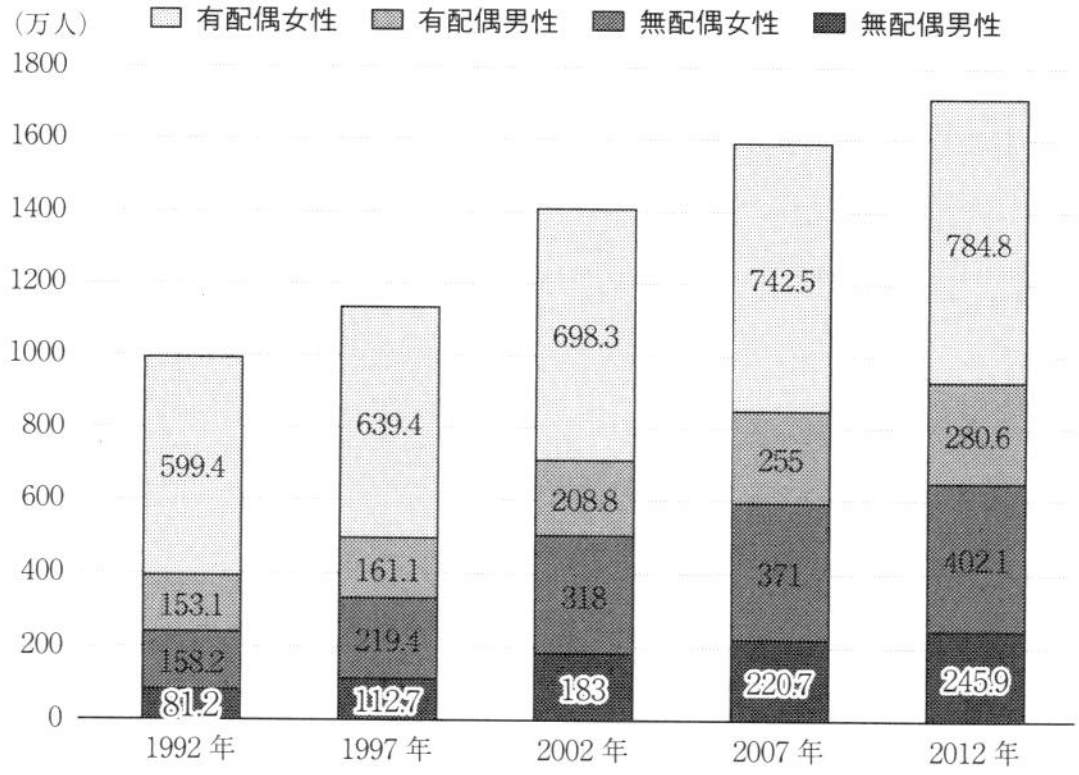

出典）「就業構造基本調査」より。1992年から2002年は個票データから、2007年と2012年は公表されている集計表から算出した。
注）在学者、専門職・管理職は除く。職種不明の被雇用者を含む。個票データの使用にあたっては、一橋大学大学経済研究所附属社会科学統計情報研究センターから秘匿処理済みミクロデータの提供を受けた。

ある（厚生労働省『人口動態統計の年間推計』）。これらを背景に、パート主婦以外の非正規労働者は激増を続けている。そのようすをみたのが、図表1－8である。

非正規労働者の総数は、一九九二年が九九一・九万人で、その後は五年おきに、一一三二・六万人、一四〇八・二万人、一五八九・二万人、一七一三・五万人と激増してきた。二〇年間で一・七三倍である。就業者全体に占める比率は一五・五％から二七・四％への増加である。しかしパート主婦（有配偶女性）は、増えてはいるものの一・三一倍の増加

図表 1-9　分裂する労働者階級

		2005	2015	増減
個人年収（万円）	男性・正規	408.8	428.1	19.3
	男性・非正規	237.4	213.0	−24.4
	女性・正規	280.6	295.9	15.3
	女性・非正規	158.3	163.9	5.6
世帯年収（万円）	男性・正規	571.7	609.9	38.2
	男性・非正規	460.7	383.8	−76.9
	女性・正規	687.1	701.1	14.0
	女性・非正規	356.0	302.8	−53.2

出典）SSM 調査データより算出。20-59 歳。パート主婦を除く。

にとどまり、非正規労働者全体に占める比率は六〇・四％から四五・八％へと低下している。激増したのは男性と無配偶女性で、とくに無配偶男性は三・〇三倍、無配偶女性は二・五四倍と、極端な増え方である（有配偶男性は一・八三倍）。パート主婦以外の非正規労働者の総数は九二八・七万人で、就業者全体に占める比率は六・一％から一四・九％へと増加しており、旧中間階級（一二・九％）を上回るに至っている。

しかも、これら非正規労働者の状況は、急速に悪化している。図表1－9は、パート主婦を除く労働者階級を、性別と正規・非正規の別で分け、それぞれの経済状態の変化を示したものである。ここでは年金受給者を含む可能性のある六〇歳以上は除外しておいた。

個人年収と世帯年収のいずれをみても、正規労働者の収入は増加している。個人収入は、男性で一九・三万円、女性で一五・三万円の増加である。同様に世帯収入は、男性で三八・二万円、女性で一四・〇万円の増加だ。これは意外なことである。所得に関するあらゆる統計が示しているように、日本の勤労者世帯の収入は、一九九〇年代後半をピークに減少を続けてきたはずだからである。実際、SSM調査データから各階級の平均収入を算出すると、どの階級でも、個人年収、世帯年収ともに大幅に減少している。労働者階級の場合でも、正規・非正規の別なく平均した場合は、やはり大幅に減少している。ところが正規労働者に限っては、収入が増加して経済状態が改善しているのである。

それでは非正規労働者はどうか。女性の個人年収だけはわずかに増えているが、他は大幅に減少している。男性非正規労働者の個人年収は二四・四万円の減少で、世帯年収に至っては七六・九万円も減っている。女性の世帯年収も五三・二万円の減で、比率でみれば男性が一七％、女性が一五％の減少である。正規と非正規は、収入の額が大きく異なるだけでなく、その変化の方向も正反対で、格差はますます拡大している。

ここでは六〇歳以上を除外して計算したが、六〇歳以上の非正規労働者が恵まれているというわけではない。なにしろ年金の平均年間受給額は、わずか一二九万円である。年金だけで生活できる状況にないために、やむを得ず非正規の職に就いている人が多いはずである。その実態については、第六章で詳しくみることにしたい。

以上のような事実をみると、労働者階級を一つの集群として、ひとまとまりの階級として理解することは、困難であるといわざるをえない。すでに労働者階級は、正規労働者と非正規労働者という、別種の集群へと分裂してしまったのではないだろうか。あえていえば、労働者階級は二つの階級に分裂し、日本の階級構造は四階級構造から五階級構造へと変貌してしまったのではないだろうか。

本書では、これらの非正規労働者を「アンダークラス」と呼んでいる。次章ではアンダークラスという概念の背景と、これらの非正規労働者たちをアンダークラスと呼ぶことの意味について説明した上で、日本社会のこうした変化を「新しい階級社会」の誕生と位置づけることにしたい。

注

(1) 貧困率を計算する基準となる貧困線は、一六〇・六万円に設定した。これは二〇〇二年の就業構造基本調査の個票データから算出した等価所得中央値三二一・二万円の二分の一である。本書で主に用いるデータである二〇〇五年および二〇一五年ＳＳＭ調査の等価所得中央値はそれぞれ三〇〇万円、二〇一六年首都圏調査データの等価所得中央値は四〇〇万円だった。しかし回答の分布をみたところ、前者は高所得者層の多くが世帯収入を答えなかったことから中央値が低い方にシフトしており、逆に後者は都心の調査対象者を多く含むことから中央値が高い方にシフトしていると判断できた。このため、所得中央値が両者の中間であり、また調査対象者数が多く回答率も高い就業構造基本調査データを用いることにしたのである。この結果、データから算出される貧困率は、ＯＥＣＤや厚生労働省が公表しているものとほぼ同じになった。なお二〇〇二年就業構造基本調査個票データは、一橋大学経済研究所附属社会科学統計情報センターから提供された秘匿処理済ミクロデータを使用している。

（2）本書では基本的には学歴を、中学校、高校、大学（短期大学、高等専門学校、大学院を含む）のうち、最後に通った学校を基準に判断している。このため在学中でも、中退していても、大学に通ったことがあれば、大学を卒業した人と同じものとして扱っている。

（3）推定方法は、次のとおりである。まず二〇一三年の「住宅・土地統計調査」から得られた、都心から六〇キロメートル圏内の一都四県（茨城・千葉・埼玉・東京・神奈川）の各市区町村の平均世帯年収を、二〇一〇年の「国勢調査」から得られたいくつかの変数（職業・従業上の地位・雇用形態・学歴・年齢の各構成比）を独立変数として説明する重回帰モデルを推定する（決定係数は〇・八一四）。次にこのモデルを用いて、各メッシュの平均世帯年収を推定した。

（4）推定は、平均世帯年収と同様、「住宅・土地統計調査」と「国勢調査」を用いて行った。重回帰モデルの決定係数は〇・六一九だった。

（5）階級に関するこうした理論的な問題について詳しくは、橋本健二『階級社会』（講談社、二〇〇六年）を参照されたい。

（6）実際にデータを用いて各階級の性質を明らかにするためには、四つの階級を職種・従業上の地位・企業規模などを用いて区別するための手続きが必要になる。本書では、次のような方法で、四つの階級を区別している。

資本家階級　従業先規模が五人以上の経営者・役員・自営業者・家族従業者
新中間階級　専門・管理・事務に従事する被雇用者（女性と非正規の事務を除外）
労働者階級　専門・管理・事務以外に従事する被雇用者（女性と非正規の事務を含める）
旧中間階級　従業先規模が五人未満の経営者・役員・自営業者・家族従業者

資本家階級と旧中間階級の境界を企業規模五人以上と未満の間としたのは、企業を対象とする多くの統計調査が調査対象を企業規模五人以上としているなど、一般に「企業」というものの通念が五人以上の事業体を指していること、またデータからも、これを境に経営者や自営業者の収入や生活実態が大きく変化することが確かめられることによる。また男性事務職は新中間階級、女性事務職は労働者階級と区別したのは、とくに日本の場合、コース別雇用管理制度によって男性が総合職、女性が一般職と位置づけられることが多く、両者は職務も、キャリアも、また賃金も、大きく異なるからである。

第二章
アンダークラスとは何か

1 アンダークラスの衝撃

それは、衝撃的な記事だった。米国のニュース雑誌「タイム」一九七七年八月二九日号のカバー・ストーリー（表紙を飾る特集記事）である。表紙には「マイノリティのなかのマイノリティ　アメリカのアンダークラス」と大書され、その下には、虚無とも憂いともつかぬ表情をたたえた、九人の黒人とヒスパニックたちが描かれている（図表2−1）。そして「アメリカのアンダークラス：豊かな国のなかの極貧と絶望」と題する記事には、米国大都市部のアンダークラスのようすが、次のように描かれていた。

図表2-1　アンダークラスをカバー・ストーリーに取り上げた「タイム」誌の表紙

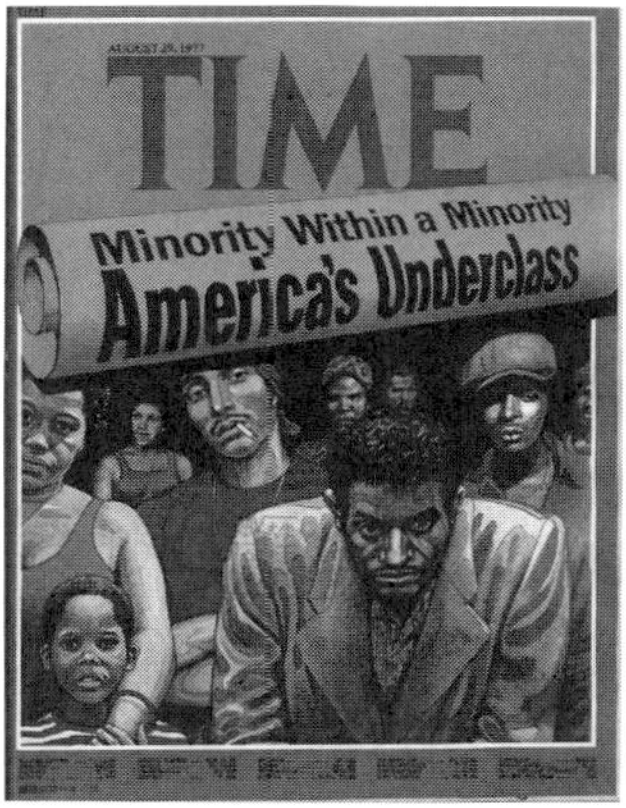

崩れかけた壁の背後に、多くの人々には想像しがたいほど扱いにくく、社会的に疎外され、敵意をもった人々の大群が生活している。手の届かない存在、アメリカのアンダークラスである。

（中略）そのメンバーは、すべての人種にまたがり、多くの地域に住んでいるが、アンダークラスの大部分は、奴隷制度の遺物と差別にいまも苦しむ、都市の貧困な黒人たちである。たいていの場合、アンダークラスの世界は、朽ちかけた住まい、壊れた家具、下等な食物、そしてアルコールとドラッグなど、がらくたの集積である。アンダークラスは、二重の意味で置き去りにされている。第一に裕福なマジョリティから、第二に中間階級へ上昇しようと苦労している、あるいは貧しくても、自分と子どもたちのためのよりよい生活を見通すことのできる多くの黒人やヒスパニックたちから。アンダークラスの人々は、街頭での賭博、応急手当、泥棒、さらには凶悪犯罪に充ちた文化における、被害者であり、加害者でもある。

彼／彼女らの希望のない環境は、マジョリティとは、さらには多くの層の大部分とも根本的に異なる価値観を育んでいる。こうしてマイノリティであるアンダークラスは、この国に、少年非行、学校からの退学、薬物依存、生活保護を受ける母子家庭、さまざまな成年犯罪、家族崩壊、都市の衰退、そして社会支出の必要を、不釣り合いに多く生み出している。

もちろんアンダークラスという言葉は、「タイム」誌による造語ではない。アンダー（under）とクラス（class）をつなげた簡単な言葉だから、単に「下層階級」というような意味で使われた例はいくつかあり、古くは一九二六年、ドイツの哲学者であるマックス・シェーラーが『知識形態と社会』という著書で、上層階級（Oberklasse）と下層階級（unterklasse）の思考のあり方の違いについて論じている。しかし「現代社会に生まれた新しい下層階級」という意味で最初に用いたのは、スウェーデン出身の経済学者、グンナー・ミュルダールである（ただしミュルダールはunder-classと間にハイフンを入れていた）。

†アンダークラスの増加は民主主義をおびやかす?

ミュルダールは一九六二年、カリフォルニア大学で行った講演をもとに、『豊かさへの挑戦』という著書を出版した。内容としては米国経済全般を扱っているが、とくに最初の四つの章で失業と貧困の問題を取り上げ、次のように論じた。

米国では失業率が高くなっているが、その原因は、技術革新によって労働需要と労働供給の間に質的なギャップが生まれたことにある。米国には、健全な精神と肉体をもち、しかも根性がある人ならば、誰でも職をみつけることができるし、高い地位に就いて高い報酬を得ることもできるというイメージがあった。しかし今日、技術革新が進み、また高等教育が普及したことから、労働需要はますます教育と訓練を受けた人々ばかりに向けられるようになり、これらを受けていない人々は失業し、あるいは賃金がきわめて低い状態の不完全雇用者にとどまるようになった。こうして生まれた「永久的な失業者、就職不可能者および不完全雇用者」を、ミュルダールはアンダークラスと呼んだのである。

そしてミュルダールによると、米国社会の大部分においては教育を通じての社会的・経済的な移動が盛んだが、その下には境界線があり、アンダークラスはこの境界線より下に位置している。アンダークラスの子どもたちは、両親と同じように劣悪な立場に置かれているから、その境遇は固定化し、境界線は身分の境界線と化すことになる。ミュルダールは、こうした事態を米国の民主主義の危機ととらえている。これらの人々は「失業や不完全雇用がながびく結果、無気力になったり、退廃的になる傾向を示すにちがいない」。アンダークラスには発言力がなく、自分たちの利益のために戦うように組織されることもない。健全な民主主義社会ならば、特権をもたない人々からの抗議の運動があるはずであるにもかかわらず、である。

このようにミュルダールは、あくまでもアンダークラスを技術革新とこれによって引き起こされた労働市場の変化の犠牲者として描いており、アンダークラスが無気力や退廃に陥るとしても、それは失業や不完全雇用に長期にわたってとどめられた結果だと考えている。これに対して先の「タイム」誌の記事は、犠牲者としての側面に言及しながらも、アンダークラスの文化的な異質性を強調し、逸脱や犯罪の源泉となったり、社会支出負担を増加させる原因になるといった側面を、あまりに強調しすぎているように思える。

2 「救済に値しない」貧困層？

そしてアンダークラスという用語はその後、その産みの親であるミュルダールの用法から、「タイム」誌がシフトさせた方向へと、さらに大きく意味を変えていく。そのようすは、貧困がとかく「自己責任」の問題として片づけられがちな日本にとっても、たいへんに参考になる。これについては米国の社会学者ハーバード・ガンスが、その著書『貧困層との戦争』で詳しく論じているので、これを簡単に紹介しよう。

ガンスによると一九六〇年代半ば、各地のゲットーで暴動が起こったことにより、黒人に対する人種差別的で侮蔑的な用語を生み出す素地が生まれた。そして彼は、「タイム」誌の記事の四年前、保守派の雑誌「ザ・パブリック・インタレスト」に掲載された記事に注目する。シカゴ市南郊のウッドローン地区を取り上げたこの記事は、この地区では黒人の中間階級と労働者階級の人口流出が起こり、放火が相次いで地域が破壊されつつあると指摘し、さらに若い黒人たちがギャング活動、暴力、テロを行っているとして、彼らを「破壊的なアンダークラスの残党」と呼んだ。そして記事は、ほとんど実証的な証拠もないままに、アンダークラスは「主に、都市の福祉政策が貧困を長期にわたって継続させ、上昇移動を妨げ、多くの黒人たちの安定した家族の形成を妨げたことから生まれた」と論じたのである。

†レッテル貼りの系譜

ガンスはこの記事が、「その後の一〇年間に起こったレッテル貼り（ラベリング）の第一歩」だったという。というのもこの記事は、経済的な側面に注目して、人種とは関係なく定義されていたミュルダールの「アンダークラス」を、「貧しい人種的マイノリティ」の「行動を問題視するとともに軽蔑の意味を含むレッテル貼り」の用語へと転換するきっかけになったからである。

そしてガンスによると、このように行動の側面に注目した「アンダークラス」概念が、主流メディアに登場した最初の例が、先の「タイム」誌の記事だった。これによってアンダークラスという用語が、貧困層の経済的な窮乏ではなく、行動面を強調する用語として大衆化し始めることになる。ちなみにこの記事の掲載直前にエルヴィス・プレスリーが死去し、表紙が彼を追悼するものに差し替えられそうになったが、編集長のヘドレー・ドノヴァンがこれを止めさせたのだという。

そして四年後、ジャーナリストのケン・オーレッタが、「ザ・ニューヨーカー」誌に「ザ・アンダークラス」と題する記事を三度にわたって執筆し、翌年には同じ題名の本を出版する。まず彼は、「犯罪、生活保護、ドラッグの拡大、そして明らかな反社会的行動の増加が、大部分の米国都市を苦しめている」と危機感を煽ってから、アンダークラスについて論じ始める。彼はアンダークラスを「社会から排除されていると感じ、常識的な価値観を拒否し、収入だけでなく行動面でも欠陥のある人々」だとし、この名のもとに「路上犯罪者、ドラッグ中毒者、詐欺師、アルコール中毒者、浮浪者、ホームレス」などを、「精神障害者、生活保護受給者、元中毒者と前科者、退学者、非行少年少女」などとひとまとめにした。彼自身はアンダークラスを記述的な用語だと信じていたが、実際にはそれは侮蔑的なレッテルであり、ガンスは、オーレッタの著作によってレッテル貼りが完了したという。そして八〇年代半ばから後半にかけて、アンダークラスはメディアで日常的に使われる用語として定着していった。

そしてガンスは、この過程で、多くの研究者もアンダークラスの概念が普及することに関与したという。「タイム」誌の記事やオーレッタの著作には、多くの研究者の発言が引用されて、その主張を正当化する役割を果たしていた。さらにアンダークラスという用語が普及するにつれて、保守派の財団がアンダークラスの貧困層にレッテル貼りをして、貧困対策や福祉政策を縮小させようとする方向に合致する研究を支援するようになった。以上が、ガンスのまとめによるアンダークラスという用語が定着するに至った経緯である。

†保守派との結びつきの果て

研究者のなかでも、大きな役割を果たしたとされるのは、保守派政治学者のチャールズ・マレーである。彼は「英国におけるアンダークラスの出現」と題する論文の最初の部分で、次のような思い出を語っている。

住んでいたアイオワ州の小さな町で、私は中流階級の両親から、貧しい人々には二種類があるのだと教えられた。貧しい人々の一方の階級は、けっして「貧乏人」とは呼ばれない。これらの人々は、私の両親が若いころそうだったように、少ない収入で質素に生活しているのである。しかし貧しい人々のうちの一握りを占めるもうひとつの集団がある。これらの人々は、単にお金が足りないのではない。彼らはその行動に特徴がある。

彼らの家は散らかっていて、まともに管理されていない。そんな家庭の男たちは、ひとつの仕事を数週間以上続けることができない。酔っ払っているのは普通である。子どもたちは育っても学校に不適応で、行儀が悪く、地域の少年非行の大きな部分を占めている。

この両親の教えに忠実に従いながら政治学者となったマレーにとって、アンダークラスとは、貧しさによってではなく、その嘆かわしい行動によって、他と区別される階級である。そして彼によると、アンダークラスを生み出したのは福祉政策である。福祉や所得補助の制度があるから、人は怠惰になり、福祉への依存に走り、アンダークラスと化すのである。こうして彼は、あらゆる福祉と所得補助の制度を解体すれば問題は解決すると主張したのである。

マレーの主張が、貧困の原因を本人の行動に、またこうした行動を誘発するとされる福祉制度に一方的に求める暴論であることはいうまでもない。しかしその影響は大きく、レーガン政権時代には教育・福祉への支出削減の必要性を根拠づけるものとして、盛んに使われたという（ウィルソン『アメリカのアンダークラス』）。

こうしてアンダークラスという用語は、大都市部の貧困層であって、その問題のある行動様式のゆえに貧困に陥った、救済に値しない人々、というニュアンスをまとうようになった。英国のジャーナリスト、ジェレミー・シーブルックがいうように、「アンダークラスというネーミングによって、政府は彼らの運命に対するあらゆる責任を免除されることとなった。これは、道徳的、社会的な被差別者にはみずからを救う気がないから、世間に放り出して思い切ってやらせてみるしかない、という社会観に通じるし、またそれを強めることになる」というわけである（『階級社会』）。

3　満ち足りた多数派の影

こうした経緯から、アンダークラスという用語を用いることに対しては、先に紹介したガンスを含めて、福祉制度を支持するリベラル派などからの批判が多い。リベラル派の立場からあえてこの用語を用いていたウィリアム・ウィルソンなどは、全米社会学会会長に就任したときの講演で、アンダークラスという用語を使うのを止めて「ゲットーの貧困者」と言い換えると宣言したくらいである（ウィルソン「インナーシティの社会的困難を研究すること」)。

しかしアンダークラスという用語を、人種や民族とはひとまず切り離し、その経済的な状況に関する概念として使おうとする論者も多い。それは現実に、伝統的な労働者階級とはさまざまな意味で異なる貧困層が、現代の先進国の社会に共通に存在するからだろう。たとえば英国の社会学者であるローズマリー・クロンプトンは、アンダークラスとは経済活動を通じて普通に生計を立てることのできない永続的な貧困状態を示すものであり、資本主義社会においては必然的で一般的な存在だとしている(『階級と階層』)。また同じく英国の社会学者であるスティーヴン・エジェルは、アンダークラスは、かつてマルクスが「相対的過剰人口」あるいは「産業予備軍」と呼んだ、低雇用または失業状態にあって使い捨て可能な労働力のことであり、先進資本主義社会には普通に存在するものだとしている(『階級とは何か』)。

†満ち足りた多数派の生活を支えているのは誰だ

しかし何より、アンダークラスという用語を用いることによって、現代社会の重要な特徴が明らかにされることを雄弁に示したのは、『豊かな社会』『不確実性の時代』など数々の著作で知られる米国の経済学者、ジョン・ケネス・ガルブレイスだろう。

ガルブレイスによると、現代の米国社会は、かつてのように一握りの成功者が支配する社会ではなく、「満ち足りた多数派」が支配する社会である。この多数派は多くの職業の人々をカバーしており、上流または中流に位置する企業の経営者と従業員、報酬の安定した自営業者、専門職、熟練した技能のある労働者、農民などから成り立っている。これらの人々は、必ずしも数の上で人口の大多数を占めるというわけではないのだが、恵まれない人々は選挙に参加しないので、投票者のなかでは多数派となっている。だから政治家たちは、この「満ち足りた多数派」の要求に応えようとする。

これらの人々は、所得格差に対して寛容である。この多数派には、富裕層ではない普通の所得水準の人々も多いのだが、それでも自分自身の所得を守るためには、他人の高い所得に対して寛容でなければならないと考える。なぜなら、富裕層の所得に課税して再配分することを認めてしまうと、それほど富裕でない人にまで増税することに道が開かれてしまうからである。

しかし、この満ち足りた多数派の生活を支えているのは、別の階級の存在である。人々の生活は、さまざまな消費者サービスや家事サービスの労働、具体的にいうと、ドアマン、家事使用人、道路清掃、ゴミ回収、守衛、エレベーター係などによって支えられている。しかしこれらは、他人の命令に従って行われる、「繰り返しばかりで退屈な、疲れるばかりで苦痛な、うんざりするばかりで屈辱的な仕事」である。社会的評価は低く、賃金も低い。

ガルブレイスはいう。「以上から、現代の経済社会の基本的事実のひとつが明らかになる。つまり、われわれの経済においては、誰からも嫌がられる辛い仕事を、恵まれた人々がやらずに貧しい人々がやらなければならないということである」。これらの仕事を担っているのが、アンダークラスである。ガルブレイスは、これらの人々が担う仕事がなければ社会は機能しないということ、そしてその担い手たちが貧しい状態にあるということをひとことで表現するため、「機能的に不可欠なアンダークラス(the functional underclass)」という言葉を使っている。

そして主流派の経済学者やその他の社会科学者たちは、「満ち足りた多数派」に奉仕するような説を展開する。政府の介入は有害であり、富裕な人々がさらなる富を追求することは社会にとって有益である、というように。同様に重要なのは、貧しい人々に対する責任感を弱めることである。社会に不可欠な役割を担っているアンダークラスが貧しいのは、みずから招いた結果であり、救済の必要はない。ガルブレイスは、このように主張する社会科学者の代表格として、先にみたチャールズ・マレーを挙げている。

このようにガルブレイスは、現代の米国社会を、富裕層から普通の暮しをする人々までを含む「満ち足りた多数派」と、底辺労働に従事して多数派に奉仕しながら報われることのないアンダークラスという、二つの要素からなるものとしてとらえたのである。

なおクロンプトンやエジェルの主張によれば、アンダークラスは現代社会に生まれた新しいタイプの下層階級というわけではなく、資本主義社会には常に存在するものということになる。この点については、次のように考えればいいだろう。

労働者階級は資本主義社会の下層階級だが、資本主義が存続し、また成長・発展を遂げるためには、労働者階級がちゃんとした生活を送って、その労働力を保ち続けること、さらには次の世代の労働力を産み育てるだけのゆとりが保障されていることが必要である。そのためには賃金は、普通に生活し、労働の疲れを癒やし、さらには家族を形成して子どもを産み育てるのに過不足ないだけのものでなければならない。これに対してアンダークラスは、普通に生活し、また家族を形成して子どもを産み育てるだけの賃金を得ていない。つまり、労働者階級としての要件を十分満たしていないのである。

このように労働者階級としての要件を満たさない低賃金労働者は、いつの時期にも資本主義社会には存在していた。戦後日本でいえば、「ニコヨン」と呼ばれた日雇労働者、いつクビを切られるかわからない臨時工、小遣い程度しか賃金を支払われない住み込み店員などである。そして日本におけるその現代的形態が、パート・アルバイトや派遣労働者などからなる非正規労働者だということである。

4　労働者内部の分断線

ガルブレイスの描いた米国社会の構造は、日本にも多くの点で共通のものといっていい。第一章でみたように、現代日本ではパート主婦を除く非正規労働者が急速に拡大しており、これらの人々と他の階級の間の格差はきわめて大きい。同じ労働者階級であるはずの正規労働者と比べても格差は大きく、しかも格差は拡大傾向にある。

これまでの日本の労働者階級は、資本主義社会の底辺に位置する階級だったとはいえ、その大部分は正社員としての安定した地位をもち、製造業を中心にそれなりの賃金水準を確保してきた。これに対して激増してきた非正規労働者は、雇用が不安定で、賃金も正規労働者には遠く及ばない。しかも次章でみるように、結婚して家族を形成することが難しいなど、従来からある労働者階級とも異質な、ひとつの下層階級を構成し始めているようである。労働者階級が資本主義社会の最下層の階級だったとするならば、非正規労働者は「階級以下」の存在、つまり「アンダークラス」と呼ぶのがふさわしいだろう。

アンダークラスという用語にまとわりつく差別的なニュアンスを避けるため、他の用語を使うということも考えられないではない。福祉国家に関する数々の著作で知られるゲスタ・エスピン＝アンデルセンによると、ヨーロッパでは社会的敗者たちが「新しい名称をつけられた社会階級」を形成しつつあり、これらの人々やこれらの人々を含む階級構造は、デンマークでは「Aチーム」と「Bチーム」、ドイツでは「三分の二社会」、フランスでは「二つのスピードの社会」、英国と米国では「アンダークラス」と呼ばれているという。このように同じような下層階級が先進国共通に形成され、別々の名称で呼ばれているのである（『ポスト工業経済の社会的基礎』）。しかしこれらを比べてみた場合、もっとも単刀直入でイメージ喚起力に富むのは、どう考えても「アンダークラス」だろう。

「非正規労働者」と、そのまま呼べばいいという考え方もあるかもしれない。しかしこれでは、世帯収入は少なくないが家計補助的に働いているパート主婦、学業のかたわら働くアルバイト、大企業を定年したあと悠々自適に生活する嘱託などと区別がされにくい。新しく生まれた下層階級には、他と明確に区別される、そしてイメージ喚起力のある名称がふさわしい。そうでないと、彼ら・彼女らの窮状は広く知られずに終わってしまう。

†いまだに続く非正規労働者への誤解

非正規労働者については、いまでも古いイメージにとらわれている人が少なくない。一例を挙げよう。「朝日新聞」経済面のコラム「経済気象台」は、二〇一八年五月三日付で「アンダークラス」を取り上げた。執筆者の「遠雷」氏は、次のように論じる。「「下流」とか「アンダークラス」といった言葉で社会階層を勝手に位置づけるのはよい傾向ではない」。こう断じたあとで、非正規雇用に関する調査結果を紹介し「浮かび上がるのは主に主婦、学生、リタイアした高齢者の働き方である。彼らや彼女らの「少しでも働いて収入を得たい」とする必死さは健全なことであり、「下流」や「アンダークラス」への道を歩いているわけではない」というのである。

私がここで「アンダークラス」と呼ぶのは、パート主婦や学生アルバイトのように、主たる家計支持者以外の人々が、付加的な経費を稼ぐために非正規で働く人々のことではない。家計の主要部分を得るために、非正規で働く人々のことである。前章の図表1‐8に示したように、パート主婦は非正規労働者の主流とはいえなくなっている。学生アルバイトを除外しても、単身男女の非正規労働者は六四八万人に上っている。そして図表1‐6に示したように、パート主婦以外の非正規労働者の貧困は深刻である。

もっともパート主婦には、夫が失業していたり低賃金の職に就いていることから、貧困に陥らないようにするために家事との二重負担に苦しみながら働いている人も多いはずだ。学生アルバイトのかなりの部分は、そうしないと学費が払えない苦学生だろうし、アルバイトのために学業に時間を割くことができず、中退を余儀なくされたり、希望通りの就職ができないケースもあるはずだ。だから、これら人生の一時期だけの非正規労働者にも、アンダークラスと重なる部分がある。しかしこれらの人々が社会に占める位置は、アンダークラスに隣接するものと考えた方が、より明確になるのではないか。

また定年後の高齢者の非正規労働は、第六章で詳しくみるように、乏しい年金を補う必要に迫られての就業という側面が強く、高齢者がみずから積極的に選んだ道とはいえない場合が多い。したがって五〇歳代以下とはやや事情が違うとはいえ、やはりアンダークラスに含めていい。しかもバブル期以後に社会に出た五〇歳代以下のアンダークラスは、や

図表2-2　新しい階級社会の構造

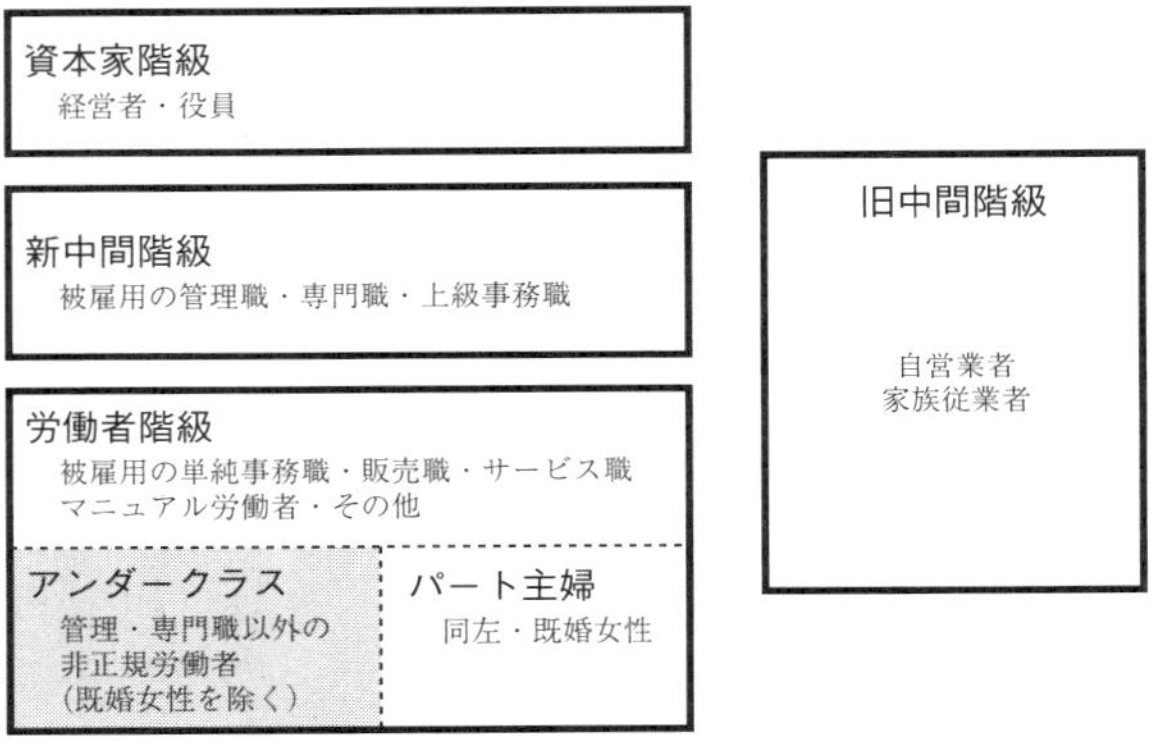

がて年を取って、定年後の非正規労働者たちに合流する。両者は一体となって、高齢アンダークラスを形成するようになるだろう。

だとすれば現代日本の階級構造は、次のように把握できることになろう。

これまで日本の社会は、資本主義の世界に資本家階級－新中間階級－労働者階級が三層に積み重なり、他方の自営業の世界に旧中間階級が位置するという、四階級構造から成り立っていた。ところが労働者階級の内部に巨大な分断線が形成されることにより、資本主義の世界はより大きな落差を含み込む四層構造に転換した。こうして日本社会は、従来からの四つの階級に加えて、アンダークラスという新しい階級を含む、五階級構造へと転換したのである（図表2－2）。

アンダークラスの登場によって、日本の階級構造は大きく転換した。これを「新しい階級社会」と呼ぶことにしよう。この新しい階級構造、そして新しい階級であるアンダークラスの特徴を明らかにするのが、次の章の課題である。

第三章

現代日本のアンダークラス

1 データからみる特徴

第一章でみたように、今日の日本社会には、九二八・七万人のアンダークラスが存在しており、就業者全体に占める比率は一四・九%にも上っている。男女別にみると、男性が五二六・六万人（五六・七%）、女性が四〇二・一万人（四三・三%）である。

それでは、これらはどんな人々なのか。すでに第一章で、アンダークラスはおしなべて低所得で、貧困率が高く、しかもその所得は減少傾向にあり、正規労働者との格差が拡大していることを確認したが、ここではさらに、基本的な事実を確認していこう。ここで用いるデータは、序章の最後で紹介した、二〇一五年SSM調査データと、二〇一六年首都圏調査データである。いずれも質問紙調査（いわゆるアンケート調査）で、職業や学歴、これまでの経歴、生活上のさまざまな事柄や意識など多くの事項について、詳しく尋ねたものである。国勢調査など政府の統計調査に比べると、プライバシーにかかわる設問が多く、時間もかかる。このため回収率は、二〇一五年ＳＳＭ調査は五〇・一％、二〇一六年首都圏調査は四一・八％にとどまっている。また調査方法は、住民基本台帳と選挙人名簿を用いて対象者を無作為に抽出した訪問調査で、調査員が調査対象者のところまで出かけていって回答を聞き取ったり、質問紙を渡して後日回収しに行ったりしている。このため回答者の分布には、やや偏りが出る。家にいることの多い専業主婦や高齢者などの回収率が高くなるのである。数字をみる際には、この点に留意しておく必要がある。

†データでみるアンダークラスの特徴

図表3-1は、アンダークラスの性別・年齢別・学歴別などの構成を、他の階級と比較したものである。集計の対象は、二〇―七九歳である。第一章でもみたように、年金受給者を含む六〇歳以上のアンダークラスは、五九歳以下のアンダークラスに比べて経済的にやや安定しているが、ここではアンダークラスの全体像をつかむため、集計に含めている。

図表 3-1　アンダークラスの特徴

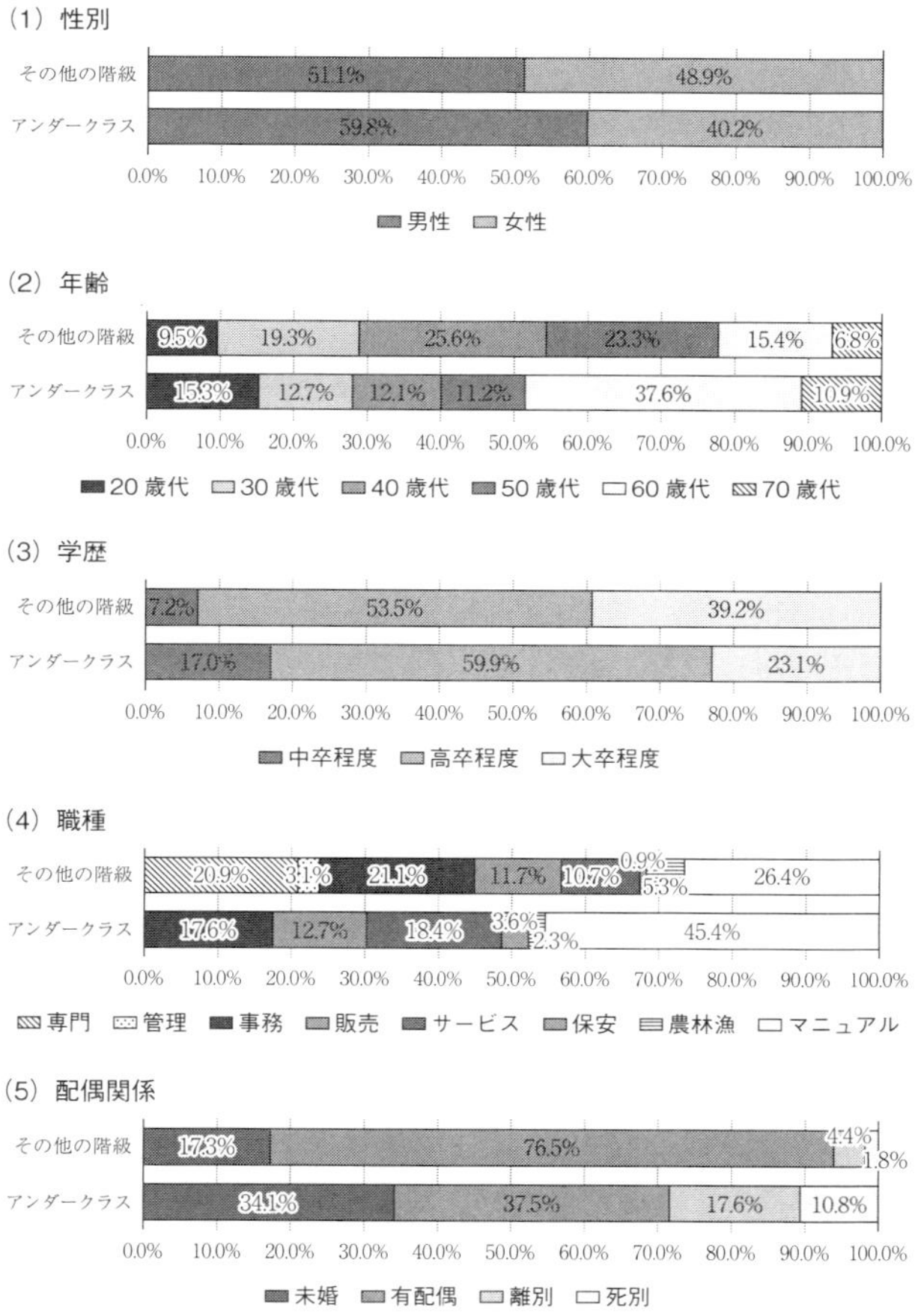

出典）2015 年 SSM 調査データより算出。

アンダークラス以外の階級では男女がほぼ半々だが、アンダークラスはほぼ六：四で男性の方が多い。年齢分布には特徴があり、二〇歳代が一五・三％とやや多く、三〇—五〇歳代はそれぞれ一二％前後と少なく、六〇歳代が三七・六％と四割近くを占め、七〇歳代も一〇・九％を占める。六〇歳代が多いのは、定年後に非正規の身分で再雇用される人が多いからで、あとで詳しくみるように、このなかには正社員として長年働いた経験のある、比較的経済的に安定した層も含まれている。またアンダークラス以外の二〇歳代が九・五％と少ないのは、生活が不規則になりがちでひとり暮しも多い若者の回答率が低いからと考えられる。したがってアンダークラスに占める二〇歳代の比率も、現実にはもっと大きいと考えた方がいい。逆に六〇—七〇歳代の比率は、現実にはもう少し低いはずである。

学歴をみると、アンダークラスはその他の階級に比べて低く、大卒程度が二三・一％にとどまる反面、中卒程度が一七・〇％と多くなっている。職種では、アンダークラスはサービス職（料理人、給仕係、接客員、ホームヘルパー、介護員など）とマニュアル職（工場工員、建設作業員、運転手、運搬員など）が多くなっている。具体的なイメージをつかむため、職種を細かく分けて詳しくみてみよう。二〇一五年SSM調査の回答者のうち、アンダークラスに分類されたのは六五九人である。これらの人々の職種を多い順に挙げると、販売店員が六三人ともっとも多く、これに総務・企画事務員（四〇人）、清掃員（四〇人）、自動車運転者（三九人）、料理人（三二人）、その他の労務作業者(1)（三〇人）、給仕係（二九人）、運搬労務者（二四人）、営業・販売事務員（二〇人）、看守・守衛・監視員（二〇人）、介護員・ヘルパー（二〇人）が続く。ここまでには工場の製造工程にかかわるマニュアル職が出てこないが、これは職業小分類ではマニュアル職が非常に細かく分類されているため、個々の職種の人数が多くないからで、飲食料品製造作業者（一四人）、一般機械組立工・修理工（一〇人）、電気機械器具組立工・修理工（九人）、ゴム・プラスチック製品製造作業者（七人）など、合計すればかなりの数になる。

配偶関係をみると、アンダークラスでは有配偶者が三七・五％と少なく、未婚が三四・一％、離別が一七・六％、死別が一〇・八％と多くなっている。

2 性別・年齢による違い

アンダークラスは、どのような人々なのか。もう少し詳しくみていこう。

図表3－2は、アンダークラスの配偶関係を男女別・年齢別にみたものである。アンダ

図表 3-2　アンダークラスの配偶関係

		アンダークラス			その他の階級		
		未婚	有配偶	離死別	未婚	有配偶	離死別
男性	20 歳代	92.5%	7.5%	0.0%	75.0%	24.0%	1.0%
	30 歳代	70.5%	27.3%	2.3%	27.2%	70.4%	2.4%
	40 歳代	70.6%	20.6%	8.8%	19.3%	77.3%	3.4%
	50 歳代	26.5%	50.0%	23.5%	9.7%	82.1%	8.2%
	60 歳代	5.7%	84.9%	9.4%	4.3%	88.0%	7.7%
	70 歳代	2.0%	90.0%	8.0%	1.2%	89.8%	9.0%
女性	20 歳代	88.5%	—	11.5%	67.6%	29.6%	2.8%
	30 歳代	62.5%	—	37.5%	20.0%	75.8%	4.3%
	40 歳代	39.1%	—	60.9%	10.2%	82.3%	7.5%
	50 歳代	20.0%	—	80.0%	3.9%	87.7%	8.4%
	60 歳代	7.1%	—	92.9%	2.1%	91.0%	6.9%
	70 歳代	13.6%	—	86.4%	0.7%	79.6%	19.7%

出典）2015 年 SSM 調査データから算出。20-79 歳。

ークラス以外の人々は、男女とも、有配偶者が二〇歳代から三〇歳代にかけて大幅に増加して七割を超え、四〇歳代で八割前後、五〇歳代以上では九割前後に達する。次第に離死別者が増えていくが、未婚者は数パーセント以下に過ぎない。これらの人々にとって結婚は当たり前のこと（少なくとも一度はするもの）とされているようである。

アンダークラスは違う。男性では四〇歳代でも有配偶率が約二〇％にとどまっており、五〇歳代でも五割に過ぎない。六〇歳代以上では八割を超え、その他の人々との差がなくなるが、これはもちろん、アンダークラスが六〇歳になってから結婚するからではなく、六〇歳を境に、上の世代と下の世代とでアンダークラスの性格が異なるからである。この点については、あとで確認しよう。

女性では有配偶の非正規労働者はパート主婦に分類されるため、アンダークラスは全員が未婚または離死別である。未婚者の比率は二〇歳代では九割近いが、年齢とともに急速に低下して離死別者の比率が増加し、四〇歳代で六割、五〇歳代では八割に達する。このように女性アンダークラスは、若年者では未婚者が主流だが、年齢が上がるにしたがって離死別者が流れ込み、主流をなすようになっていくのである。六〇歳代以上になると男性と同様に他の階級との差が小さくなるが、それでも未婚者が一割前後みられる。

†貧困が身近なところにあり、生活にも不満

次に図表3-3は、アンダークラスの貧困率をみたものである。アンダークラス以外の人々の貧困率は、二〇歳代では一〇％を超えるが、三〇歳代には五％前後にまで低下する。この状態が五〇歳代まで続いたあと、六〇歳代以降は上昇して一〇％を超えるが、最高でも男性で一四・八％、女性で一八・二％にとどまる。貧困は、大多数の人々にとっては無縁のものであり、仮に身に降りかかるとしても、若い時期と老後に限ったことなのである。

図表 3-3　アンダークラスの貧困率

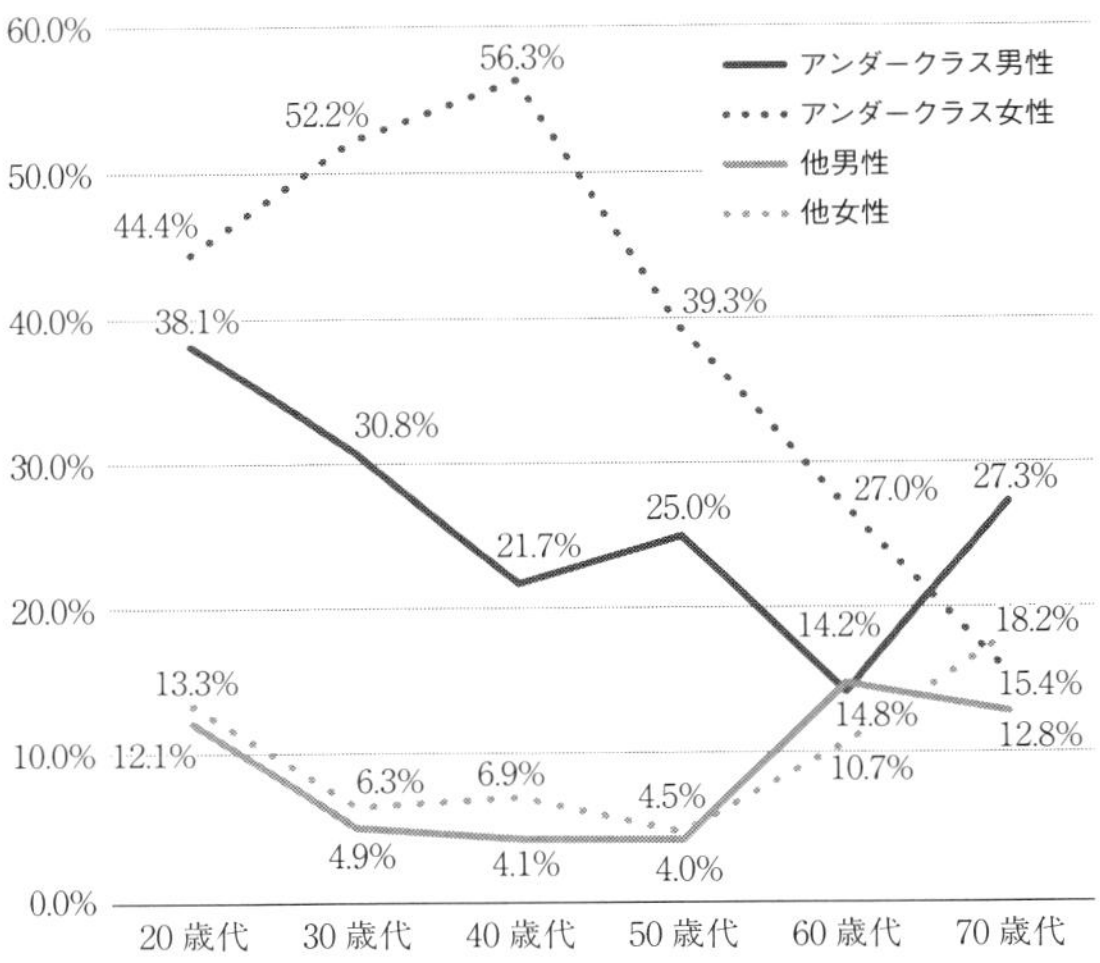

出典）2015 年 SSM 調査データから算出。20-79 歳。

しかし、アンダークラスは違う。二〇歳代の貧困率は、男性で三八・一%、女性で四四・四%と高い。男性では年齢とともにやや低下するものの、五〇歳代になっても二五%である。女性ではさらに上昇して、四〇歳代では五六・三%に達する。貧困は、アンダークラスにとって身近なものである。ただし六〇歳代になると、男女とも貧困率が顕著に低下する。男性の貧困率は大幅に低下してアンダークラス以外と差がなくなり、女性でも七〇歳代では他の人々と差がなくなる（ただし七〇歳代男性では、貧困率が高くなっている）。

図表3-4　アンダークラスの生活満足度

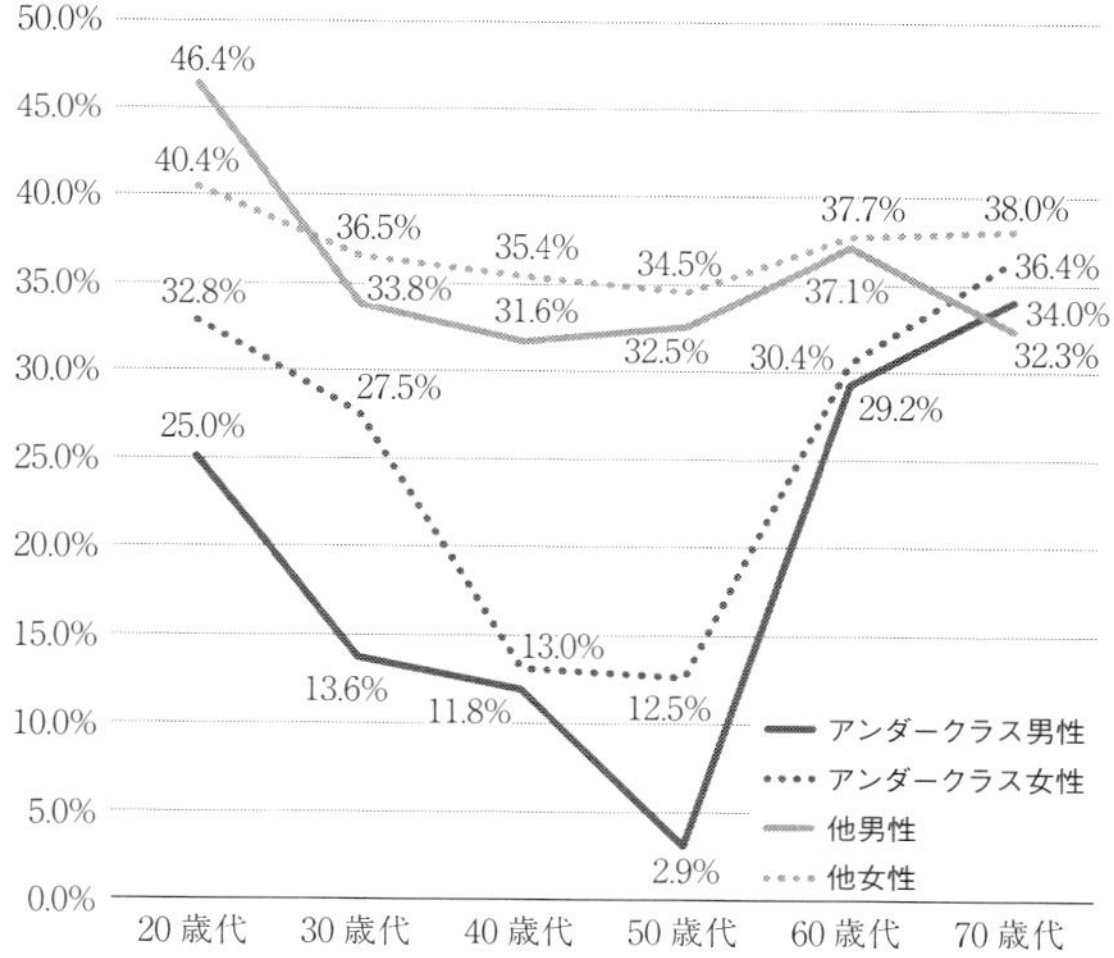

出典）2015年SSM調査データから算出。20-79歳。
注）「満足している」「どちらかといえば満足している」「どちらともいえない」「どちらかといえば不満である」「不満である」のうち「満足している」と答えた人の比率。

図表３－４は、いまの生活に満足している人の比率をみたものである。アンダークラス以外の人々では、生活に満足している人は二○歳代では四割を超え、その後はやや低下するものの三○％台をキープしている。ちなみにいまの生活に不満だという人の比率は、「どちらかといえば不満」を加えても、すべての年齢層で、男性は一○％前後、女性では五％前後にとどまっている。

アンダークラスは違う。生活に満足している人の比率は、二○歳代の男性で二五・○％、女性で三二・八％だが、年齢とともに急落し、男性では四〇歳代で一一・八％、五〇歳代では実に二・九％に、女性でもそれぞれ一三・〇％、一二・五％にまで低下する。ただし、六〇歳以上では生活に満足している人が多く、他の人々との差がみられない。

†性別・年齢によるアンダークラス内の分断

以上からわかるのは、次のような事実である。

第一にアンダークラスは、日本社会のなかで他の階級から切り離された下層部分である。収入は著しく少なく、貧困率が高い。結婚して家庭を形成すること、家庭を維持することは、アンダークラス以外の階級では当たり前のことだが、アンダークラスではそうではない。そしてアンダークラスは、自分の生活に満足することができず、また自分はこの社会で下層に位置すると考えている。

しかし第二に、アンダークラスには、性別による、また年齢による違いがみられる。二〇歳代から五〇歳代までの男性は、下層性が強い。貧困率が高く、生活への満足度はきわめて低い。大半が未婚者だが、これは経済的に結婚が困難であることによるものだろう。ただし六〇歳代以上では、下層としての性格がかなり弱まる。貧困率は低く、生活への満足度は高い。そして九割近くの人々には配偶者がおり、家庭がある。五〇歳代は、両者の中間である。

女性の場合も、やはり五〇歳代までは下層性が強く、六〇歳代以上では下層性が弱まる。五〇歳代までは貧困率が非常に高く、生活への満足度は二〇—三〇歳代ではそれほど低くないが、四〇—五〇歳代は極端に低い。また四〇歳を境に、下の年齢層では未婚者が、上の年齢層では離死別者が主流で、六〇歳以上ではほとんどが離死別者となる。

アンダークラスの内部構造が、なんとなく見えてきたのではないだろうか。アンダークラスの性格は、性別によって、また年齢によって異なる。年齢は、六〇歳が境界線とみてよさそうだ。性別と年齢を組み合わせれば、アンダークラスは四つの類型に分類できることになる。

3　アンダークラスの四グループ

そこでアンダークラスを、性別と年齢によって四つのグループに分け、それぞれの特徴をまとめたのが、図表3-5である。ここから、それぞれの特徴をみていくことにしよう。

(1) 五九歳以下の男性アンダークラス(若年・中年アンダークラス男性)

第一章でみたように、日本でアンダークラスが増加し始めたのは、一九八〇年代後半である。この時期の前後以降からアンダークラスになった男性を中心とするのがこのグループであり、アンダークラスの中核部分ということができる。そして、もっとも生活に強い不満を抱いているのが、このグループである。

大学に進学したことがある人の比率は二八・三%だが、この世代の男性の大学進学率は平均して四割を超えていたはずだから、高いとはいえない。週平均労働時間は三八・三時間と四〇時間にかなり近く、労働時間の分布をみると、五七・一%までが四〇時間以上働いている。職種はマニュアルが六割近くを占めており、サービス(一六・四%)と販売(一一・八%)がこれに次ぎ、事務(九・二%)は少ない。職種を個別にみると、販売店員(一七人)がもっとも多いが、これに続くのは倉庫夫・仲仕(一〇人)、運搬労務者(八人)、自動車運転者(七人)、清掃員(七人)、料理人(六人)、給仕係(五人)、娯楽場等の接客員(五人)、その他の運輸従事者(五人)、電気機械器具組立工・修理工(五人)、介護員・ヘルパー(五人)などである。人々の生活や企業の活動を底辺で支える仕事を、非正規労働

図表 3-5　アンダークラスの 4 類型

		59 歳以下男性（若年・中年アンダークラス男性）	59 歳以下女性（若年・中年アンダークラス女性）	60 歳以上男性（高齢アンダークラス男性）	60 歳以上女性（高齢アンダークラス女性）
2015 年 SSM 調査におけるサンプル数		152 人	187 人	242 人	78 人
アンダークラス中の構成比		23.1%	28.4%	36.7%	11.8%
学歴	中卒程度	11.2%	6.4%	22.3%	37.2%
	高卒程度	60.5%	66.3%	56.2%	55.1%
	大卒程度	28.3%	27.3%	21.5%	7.7%
週平均労働時間（時間）		38.3	34.6	31.0	24.2
職種	事務	9.2%	24.6%	17.4%	17.9%
	販売	11.8%	23.5%	7.4%	5.1%
	サービス	16.4%	25.7%	7.0%	39.7%
	保安	3.3%	0.5%	7.4%	0.0%
	農林漁	1.3%	0.5%	4.5%	1.3%
	マニュアル	57.9%	25.1%	56.2%	35.9%
配偶関係	未婚	66.4%	56.1%	5.0%	9.0%
	有配偶	25.7%	0.0%	86.0%	0.0%
	離死別	7.9%	43.9%	9.1%	91.0%
経済状態	個人収入（万円）	213	164	293	193
	世帯収入（万円）	384	303	459	312
	貧困率	28.6%	48.5%	17.1%	24.0%
	金融資産ゼロ世帯の比率	42.5%	41.7%	17.1%	30.6%
	年金受給率	0.7%	6.6%	77.3%	85.3%
仕事の内容に満足		18.4%	32.8%	42.3%	49.4%
仕事による収入に満足		5.9%	10.2%	20.9%	31.2%
生活に満足		13.8%	22.5%	30.2%	32.1%
「下流」意識		55.0%	35.3%	26.1%	32.9%

出典）2015 年 SSM 調査データから算出。20-79 歳。
注）「仕事の内容に満足」「仕事による収入に満足」「生活に満足」は「満足している」の比率。「『下流』意識」は「上」「中の上」「中の下」「下の上」「下の下」のうち「下の上」「下の下」の合計。

者として担う人々である。

もっとも目をひくのは、未婚率が六六・四%ときわだって高いことである。図表3-2でみたように、五〇歳代は有配偶者が五〇%だからやや性格が異なるが、四〇歳代以下の人々の大半は、五〇歳に至るまで結婚の経験をもたない「生涯未婚」になるものと思われる。ちなみに職歴をみると、初職時点ですでに四三・四%までがアンダークラスである。

個人収入は二一三万円と少なく、世帯収入も三八四万円と少ない。貧困率は二八・六%とかなり高い。預貯金・株式などの金融資産がまったくない世帯の比率は四二・五%に上っている。

仕事の内容に満足している人は一八・四%で、アンダークラスのなかでもきわだって低い。仕事による収入に満足している人に至っては、わずか五・九%である。生活に満足している人の比率も一三・八%に過ぎず、自分が日本社会のなかで「下」に位置すると考えている(「下流」意識をもつ)人の比率は、五五%と過半数を占める。実態の上でも意識の上でも、日本人男性の最下層を占める人々ということができる。

(2)五九歳以下の女性アンダークラス(若年・中年アンダークラス女性)

若年・中年アンダークラス男性と同様に、一九八〇年代以降にアンダークラスとなった人々と、いったん結婚したのちに離死別を経てアンダークラスになった人々からなる。アンダークラスのなかでも、もっとも経済的に苦しい状態にあるのが、このグループである。

大学に進学したことのある人の比率は五九歳以下男性とほぼ同じだが、中卒の比率はやや低い。週平均労働時間は三四・六時間とやや短くなっているが、それでも四五・九％は四〇時間以上働いている。職種ではサービス職（二五・七％）、マニュアル職（二五・一％）と並んで事務職が二四・六％と多いのが特徴で、これに販売（二三・五％）を加えるとほぼ一〇〇％になる。

未婚者が五六・一％と多いが、離死別者も四三・九％に上っている。表には示していないが、四〇・一％が子どもと同居しており、この比率は離別者では八三・一％、死別者では七六・五％に上り、未婚者でも七・六％が子どもと同居している。このように多くのシングルマザーを含むことが、このグループの最大の特徴といえる。

個人収入は一六四万円と著しく低く、世帯収入もわずか三〇三万円に過ぎない。貧困率は実に四八・五％の高さである。金融資産のない世帯の比率は、四一・七％と高い。経済的には、五九歳以下男性と同等以上に、苦しい状況にあることが明らかである。

しかし、にもかかわらず、仕事の内容に満足している人の比率は三二・八％、生活に満足している人の比率は二二・五％で、いずれも五九歳以下男性の二倍近くとなっており、また自分の社会に占める位置について「下流」意識をもつ人の比率も、高いとはいえ三五・三％にとどまっている。わが子と一緒に暮らしていることが、彼女らの励みになっているのだろうか。それとも、男であることの重圧を受け、男として「一人前」の稼ぎがないことに負い目を感じがちな男性アンダークラスとは違って、もともと自分に多くを求めないからだろうか。この点については、第五章で考えることにしたい。

(3) 六〇歳以上の男性アンダークラス（高齢アンダークラス男性）

六〇歳以上を高齢と呼ぶのは、現代日本のような超高齢社会には似合わないかもしれないが、便宜的にこのように呼んでおくことにする。アンダークラスのなかでは比較的経済状態がよく、実際にはアンダークラスとはいえない高齢男性を一部に含む、混成的なグループである。構成比が三六・七％、サンプル数二四二人と多いのだが、これは先述のように調査の性質上、回収率が高く多めに出たと考えた方がいい(2)。

大学に進学したことがある人の比率は二一・五％で、この年代の男性としても、あまり高くない。中卒者の比率は二二・三％で、やや高いといえる。週平均労働時間は三一・〇時間と短く、四〇時間以上の比率は三六・七％である。職種ではマニュアル職が五六・二％と六割近くを占めるが、事務職が一七・四％と、五九歳以下男性よりかなり高い。八六％までが有配偶者で、未婚者が五％しかいないのが、五九歳以下男性との大きな違いである。

労働時間が短いにもかかわらず、個人年収は二九三万円と、五九歳以下の男性アンダークラスを大幅に上回り、世帯年収は四五九万円と高くなっている。その理由のひとつは、年金受給者が七七・三％に上っていることである。このため貧困率は一七・一％と、四つのグループのなかでもっとも低い。金融資産ゼロ世帯の比率は、わずか一七・一％にとどまっている。

仕事に満足している人の比率は四二・三％に上り、収入に対する満足度も高く、生活に満足している人も三〇・二％と多い。さらに「下流」意識をもつ人の比率は二六・一％で、図表1－5でみた労働者階級全体の平均並みにとどまるなど、意外というべきか、意識の上ではあまり「下層性」を感じさせない。この点については、第六章で詳しくみることにしたい。

このグループの人々の初職時点での所属階級をみると、七三・五％までが正規労働者、一六・〇％は新中間階級で、アンダークラスは四・二％に過ぎない。この点が、五九歳以下男性と大きく異なる点である。また五〇歳時点の所属階級をみても、四五・八％までが正規労働者、三三・三％は新中間階級で、アンダークラスは八・三％にとどまっている（残りは資本家階級、旧中間階級と無職）。したがってこのグループは、ほぼ定年まで勤め上げてから非正規労働者になった人々を多く含んでいるのである。

しかしこのグループの貧困率は一七・一％で、アンダークラスの他のグループを下回るとはいえ、有職者としては低いといえる水準ではない。それでは、誰が貧困状態に陥っているのか。それを決定づけている重要な要因は、企業規模である。初職時点の従業先別に貧困率をみると、一〇〇人未満の自営業や小零細企業に勤めていた人では二八・八％に上っているのに対し、一〇〇人以上の中企業または大企業に勤めていた人では一二・〇％、官公庁では七・七％だった。要するにこのグループは、一定以上の規模をもつ企業や官公庁でキャリアを積み、定年後のいまも、恵まれた年金収入があるなど安定した暮らしを送ることができている人々と、小零細企業や自営業などで長年働いたものの、さほど蓄えがあるわけではなく、生活のために定年後も働き続けている人々から成り立っているのである。後者はアンダークラスとみなしていいが、前者はやや性格が異なるかもしれない。これについては、第六章で再び論じることにしたい。

(4) 六〇歳以上の女性アンダークラス(高齢アンダークラス女性)

六〇歳を過ぎてなお、非正規の職で働きながら生活する、高齢女性からなるグループである。

学歴は他のアンダークラスに比べても著しく低く、中卒程度が四割近くになり、大卒程度はわずか七・七%である。週の平均労働時間は二四・二時間と少なく、四〇時間以上働いている人は一八・一%にとどまる。職種ではサービス職が三九・七%と多く、マニュアル職がこれに次いでいる。職種を具体的にみると、料理人(一〇人)、給仕係(一〇人)、清掃員(一〇人)、介護員・ヘルパー(七人)などとなっている。なるほど、たしかに高齢女性をよく見かける職種である。

配偶関係は、離別が三五・九%、死別が五五・一%で合わせて九割を超えるが、未婚者も九%いる。

労働時間が短いのに、個人年収が一九三万円と、五九歳以下女性より多くなっているが、これは大部分が年金を受給しているからである。また世帯年収が三一二万円と少ないのに、貧困率が二四%にとどまっているのは、ひとり暮し世帯が多いからである。また経済的に自立した子どもと同居している人が一定数いることも、貧困率を引き下げている。

仕事に満足していると答える人が四九・四%と多いのは、労働時間が短いからだろうか。仕事による収入に満足している人も三一・二%と多いが、これは年金の足しになってありがたいということからだろうか。生活に満足している人も三二・一%とかなり多く、主観的には幸せな老後を送っているようにも思える。五九歳以下の女性アンダークラスと同様に、もともと自分に多くを求めていないからかもしれない。

しかしより細かくみると、生活満足度は、夫と離死別した人では低くないものの、未婚の人では低く、また同居家族のある人、子どもと同居している人では高いなど、アンダークラスになった経緯と、同居家族の有無に関係がある。これについては、第六章で詳しくみていくことにしたい。

以上みてきたように、アンダークラスの内部は、非正規雇用の職に就いていること、現在の年収が少ないことなどの共通点はあるものの、かなり性格の異なる人々から成り立っている。

第一に、世代による違いがある。パート主婦以外の非正規雇用者が増加し始めたのは、一九八〇年代後半である。この時期、学校を卒業して社会に出た若者たちは、いま五〇歳代前半。これより上の世代では、少なくとも男性に関しては、正社員として就職するのが当たり前で、一度就職すればそのまま勤め続けること、転職する場合でも正規雇用の職に就くのが普通だった。だからいまは非正規雇用として働いているとはいえ、必ずしも経済的基盤が脆弱であるとは限らない。しかしこれ以降の世代では、このパターンが崩れ、アンダークラスとなる若者が増えていく。

第二に性別による違いがある。日本では一般に女性の方が男性より賃金が低い。非正規雇用の場合も、正規雇用ほど差が大きくないとはいえ、女性の方が低賃金の職に就いていることが多い。このため女性の方が収入が少なく、貧困率も高い。とくに五九歳以下女性の貧困率は極端に高い。そして男性とは違って女性には、いったん結婚して専業主婦やパート主婦となったあと、離死別を経てアンダークラスに流れ込むというパターンがある。このことが、とくに若年・中年アンダークラス女性に生活が困難な人の多い理由である。

世代による違いは、過渡的なものかもしれない。やがて現在五〇歳代以下の、若いころからアンダークラスになることが一般化した世代の人々が、年を重ねて六〇歳代以上になれば、上にみたような五九歳以下アンダークラスと六〇歳以上アンダークラスの違いは、薄れていくだろう。このときアンダークラスは、若いころからアンダークラスだった人々の、若年層から高齢層まで続く太い流れに、離死別した女性と、定年後に乏しい年金収入を補うため非正規の職に就いた人々が、あとから合流するという形を取ることになるだろう。このとき、日本のアンダークラスはその全貌を現わすことになるはずだ。

以下の章では、アンダークラスの四つのグループを中心に、現時点でのアンダークラスの全体像を明らかにするとともに、今後の見通しについて考えていくことにしたい。

注

(1) 機械の掃除、容器の洗浄、草刈り、用務員、仕分けなどの雑役に従事する人々をいう。

(2) 二〇一二年の就業構造基本調査の集計表から、二〇歳以上七九歳以下のアンダークラスに占める六〇歳以上の比率を算出したところ、四〇・六%となった。つまり五九歳以下と六〇歳以上の比率は、約六対四である。二〇一五年SSM調査では、ほぼ比率が逆転していることになる。回答のなかった非正規労働者には、極端に生活が不規則だったり、生活が苦しかったりする人が多いと考えられるから、この調査の結果からはアンダークラスの生活状態を過大評価している可能性があることには、注意が必要である。

第四章

絶望の国の絶望する若者たち——若年・中年アンダークラス男性の現実

この章では、二〇—五九歳のアンダークラス男性（若年・中年アンダークラス男性）を中心に、その実像をみていくことにする。男性フリーターたちと、その「なれの果て」ともいうべき「中年フリーター」たちである。このグループはアンダークラスの中核部分ともいうべき人々だから、他の階級やグループとの比較を中心に、幅広く実態をみていくことにしたい。

しかし最初に、このグループの若い部分に関係する、ひとつの言説について検討を加えたい。それは、「いまの若者は、雇用の劣化や貧困化にもかかわらず、生活に満足して幸せに暮らしている」という言説である。はたして本当だろうか。データから明らかになるのは、幸福とはほど遠い、むしろ絶望と隣り合わせの若者たちの姿である。

1　幸福な若者たちはどこにいる？

二〇一一年、『絶望の国の幸福な若者たち』という本が評判になった。著者は若手社会学者の古市憲寿。若者と若者論についての歴史的考察など、アカデミックな内容も多い本だが、その中心的な主張は次のところにあった。

二〇〇五年ごろから、非正規雇用で不安定な生活を送る若者の増加、就職難、ネットカフェ難民など、「不幸な若者」「かわいそうな若者」が、さまざまなメディアでクローズアップされることが多くなった。しかし現実には、日本のいまの若者たちは、自分たちのことを「幸せだ」と感じている。その根拠として古市が挙げたのが、図表4－1に示したような内閣府の世論調査の結果で、男性の生活満足度を年齢別にみたものである。

古い数字からみていこう。一九七〇年代では、生活に満足している人の比率が二〇歳代の若者で低く、年齢が上がるにしたがって高くなっていく。このパターンは、一九八〇年と一九九〇年でも基本的には変わらない。ところが二〇〇一年になると、生活に満足する若者の比率が大幅に増え、逆に四〇―六〇歳代では落ち込んで、満足だという人の比率を

図表4-1　年代別にみた生活満足度の推移（男性）

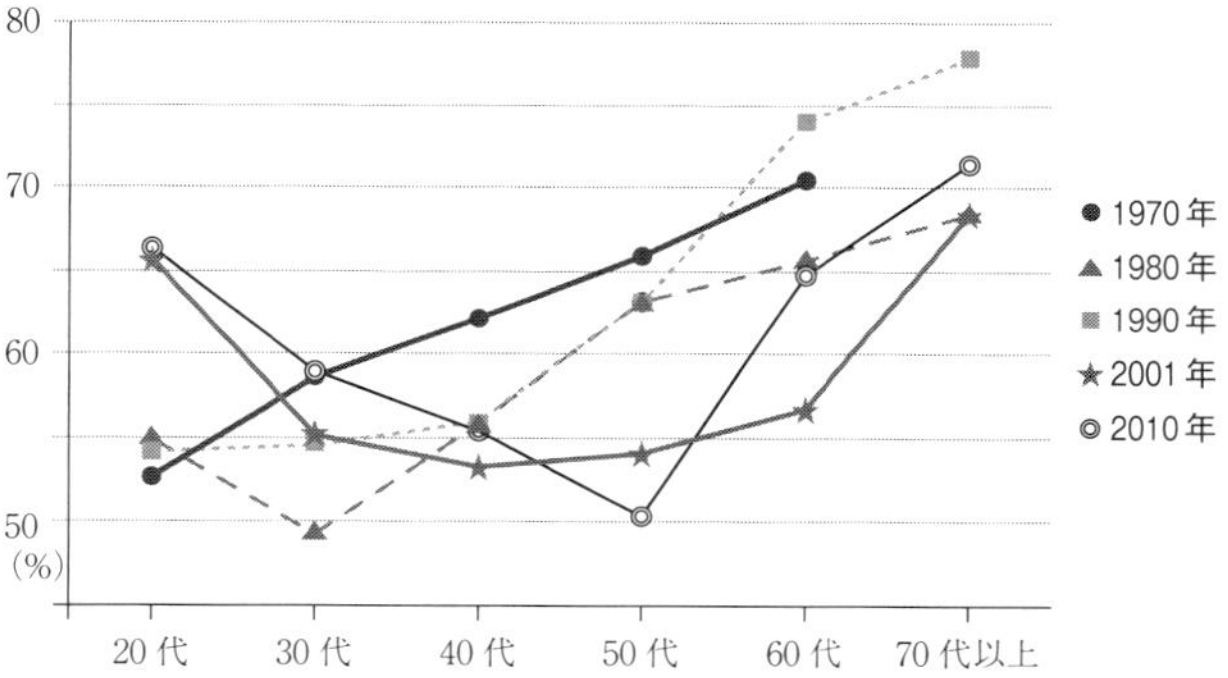

出典）古市憲寿『絶望の国の幸福な若者たち』（講談社）
注）元資料は、内閣府『国民生活に関する世論調査』。「満足している」「まあ満足している」の合計。

示すグラフは、U字型カーブを描くようになる。二〇一〇年でも、このパターンが維持されている。つまり現代日本の若者は、大人たちよりも「幸福」なのである。

　しかし古市は、若者たちは生活に満足しているのだからそれでいい、とは考えない。他方では、若者たちが社会全体に不満を感じ、また自分たちの将来に大きな不安を抱いているというデータもあるからである。

　若者たちは生活に満足し、幸福感を抱いている。しかし社会への満足度は低く、将来に不安を抱いている。若者たちがこのように一見したところ矛盾した傾向を見せるのはなぜか。古市は、ここで社会学者の大澤真幸の主張を援用する。

実は大澤は、古市がこの本を書いた数ヵ月前に、NHK放送文化研究所が一九七三年から行っている意識調査の結果、そして古市と同じ内閣府の調査の結果を示して、古市とまったく同じ指摘をしていた。

「自分は幸福だ」は不幸の表現?

大澤は、次のようにいう。現代社会には多くの困難があるが、その負の影響を被るのは主に若い世代である。不況で職に困るのは、すでに職をもっている中高年ではなく、若者たちである。将来の年金財政の逼迫によって困るのも、若い世代である。同じく将来の地球環境の悪化によって影響を受けるのも、若い世代である。ここから考えれば当然、若い世代の幸福度は低下しているはずである。ところが現実は、違う。大澤が示したのは、図表4-2のような調査結果である。一九七三年では、若い層、とくに男性で生活に「満足」と答える人の比率が低く、この比率は年齢とともに高まっていく。ところが二〇〇八年になると若い層、とくに男性で「満足」という回答が大幅に増えているのである。不幸な世代とされてきた「ロストジェネレーション(ロスジェネ)」の若者たちが、このなかに多く含まれているにもかかわらず、である。大澤はここから、若者、とくに男性の幸福度

図表 4-2　1973 年と 2008 年　日本人の「生活全体についての満足感」

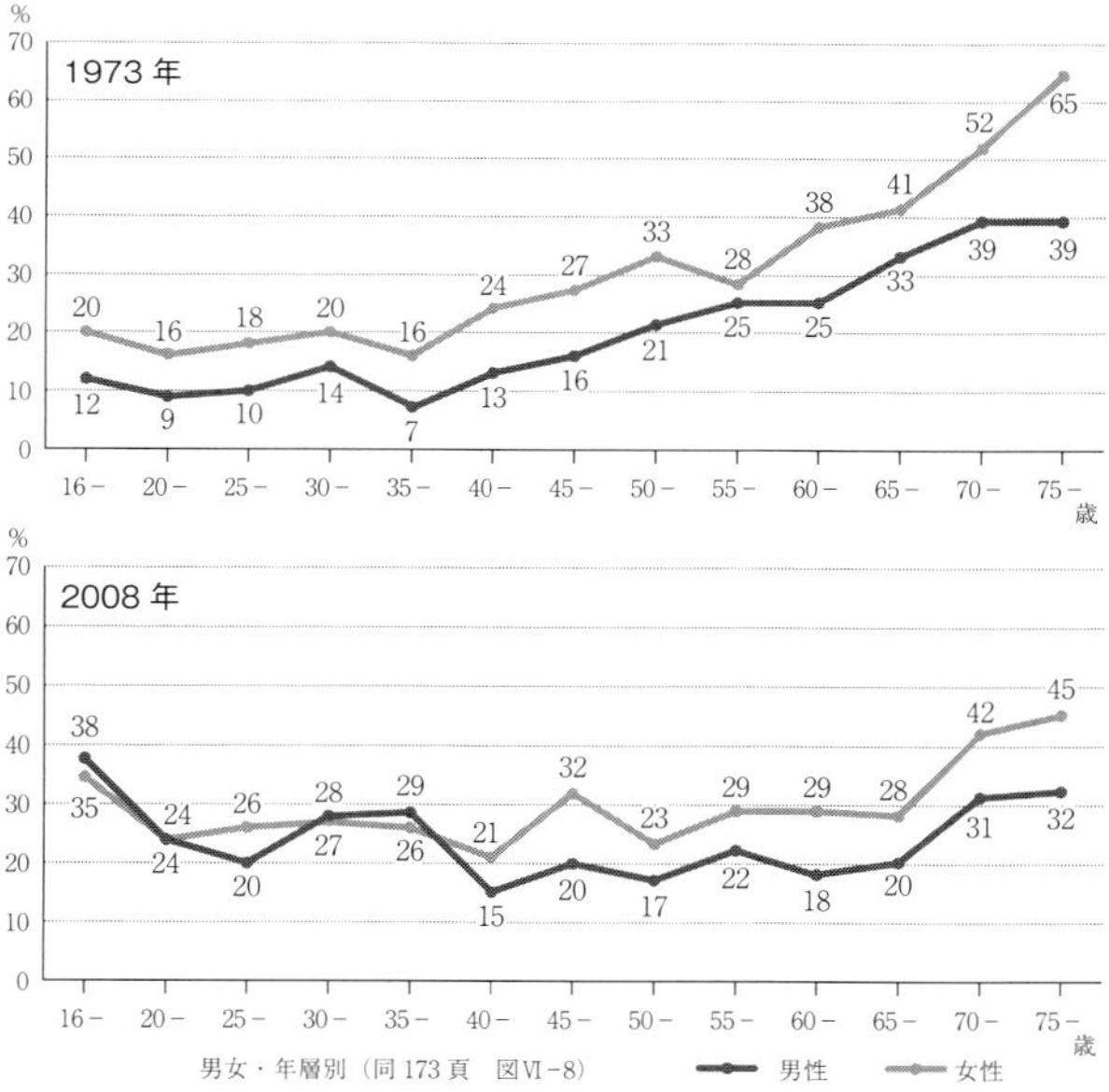

出典）大澤真幸「『幸福だ』と答える若者たちの時代」
注）元資料は NHK 放送文化研究所「『日本人の意識』調査」。「満足している」の比率。

が「圧倒的に高まっている」という。

ところが大澤は、若者たちの「自分は幸福だ」という回答は、実は不幸の表現なのではないかという。「いまの生活に満足していますか」「あなたはいま幸福ですか」という問いは、具体的な出来事に関する問いではない。人生の全体に対する問いである。したがって基本的に、このような問いに「不満である」「不幸である」と答えることは難しい。なぜなら、それは自分の人生を否定することだからである。それでは「不満である」「不幸である」と答えることができるのは、どのような人々か。大澤は、それは「不幸」や「良くない状態」が現在に限定でき、将来はより幸福になるだろうと思える人々だという。それならば、いま「不満である」「不幸である」と答えても、自分の人生を否定することにはならないからである。これに対して、いまより幸せになると想定できないとき、人は「いまの生活は幸せだ」と回答するしかない。人生が残り少ない高齢者で、「満足だ」「幸せだ」という回答が多いのは、この理由からである。自分たちには多くの将来が残っていないから、いまより幸せになることは想定できない。このとき人は、自分は幸せだと判断するのである。同様に現代の若者が自分を幸せだと答えるのは、いまより幸福になることが想定できないからではないか。つまり「幸福」との回答は、現在の不幸の表現形態なのではないか。大澤は、このように主張するのである（『可能なる革命』）。
これを受けて古市は、次のように結論する。

もはや今の若者は素朴に「今日よりも明日がよくなる」とは信じることができない。自分たちの目の前に広がるのは、ただの「終わりなき日常」だ。だからこそ、「今は幸せだ」ということができる。つまり、人は将来に「希望」をなくした時、「幸せ」になることができるのだ。（『絶望の国の幸福な若者たち』）

†データでは若い男性は不幸と感じている

はたして本当に、現代日本の若者たちは、自分たちを幸福だと考えているのだろうか。
この点について考える前に、古市と大澤の主張に共通する問題点をひとつ指摘しておきたい。それは、「自分の生活に満足している」と答えた若者たちは、「自分は幸福だ」と考えている、というように、生活への満足と幸福を同一視していることである。しかも古市は、「どちらかといえば満足」までを「幸福」に含めている。はたして、これでいいのだろうか。

図表4-3　男女別・年齢別にみた生活満足度と幸福感

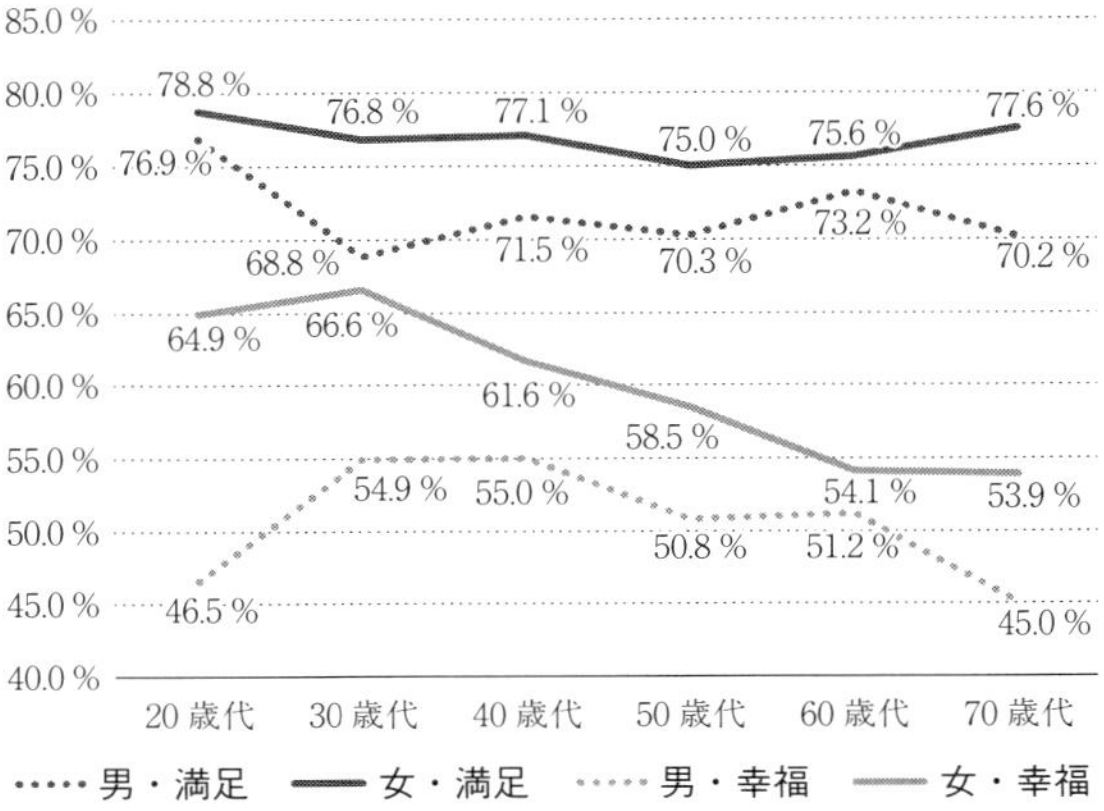

出典）2015年SSM調査データから算出。
注）「満足」は「満足」「どちらかといえば満足」の合計。「幸福」は0点から10点までの10点満点で7点以上の比率。

図表4－3は、二〇一五年SSM調査データから、生活に満足していると答えた人の比率と、自分は幸福だと考えている人々の比率を、年齢別・性別にみたものである。先の図表3－4では「満足」だけの比率を示したが、ここでは古市にしたがって「満足」と「どちらかといえば満足」の合計を「満足」とみなしている。

たしかに若者たちは、自分の生活に満足していると答える人々の比率が高い。とくに女性の満足度は高いが、女性の場合はどの年齢層でもおしなべて高いから、とくに若者の満足度が高いとはいえないだろう。これに対して男性では、たしかに二〇歳代の満足度が七六・九％と高くなっているが、それでも他の年齢層との違いは四―八％程度だから、さほど大きくはない。そして高齢者は、満足度が他の年齢層より高いというわけではないが、高い水準を保っていることは事実のようである。

ところが幸福感は、まるでようすが違う。まず男女とも、高齢者の幸福感は強くない。女性では、自分を幸福だと考える人の比率は三〇歳代がピークで、その後は一貫して低下している。男性では三〇歳代と四〇歳代がピークで、やはりその後は低下していく。したがって、高齢者は人生が残り少ないので自分を幸福と考える傾向がある、という大澤の説は、事実に反している。二〇歳代の若者たちはどうか。女性では三〇歳代とほぼ同じ六四・九％が自分を幸福と考えているから、幸福感が強いといっていい。しかし男性は四六・五％で、七〇歳代の高齢者と並んで最低である。若い男性たちは、むしろ不幸なのである。

古市と大澤の主張のもうひとつの問題点は、若者たちの所属階級が考慮されていないことである。古市と大澤は、自分でデータを分析しているわけではないので仕方がないのかもしれないが、これは大きな問題だ。そもそも古市と大澤の主張の前提は、雇用の悪化と就職難で若者の状況が悪化しているということなのだから、状況が悪化した本人たち、つまり若いアンダークラスが幸福なのかどうかを確かめなければならない。古市と大澤が主に念頭に置いていた、アンダークラス男性を中心に検討しよう。

2 不幸と絶望でうつ傾向になる

「今日よりも明日がよくなる」と信じることができない状況に置かれたアンダークラス男性は、古市のいうように「今は幸せだ」と考えているのか。明らかに、違う。幸福どころか、むしろ不幸だといった方がいい。それは、図表4-4をみれば一目瞭然である。

アンダークラスの男性で、自分を幸福だと考えている人の比率は、二〇歳代で三五%に過ぎず、三〇歳代ではさらに下がって二二・七%である。これに対して他の階級の男性では、二〇歳代が五一・三%、三〇歳代が五九・二%である。アンダークラスとその他の差は、二〇歳代ではやや小さく、三〇歳代でぐんと拡大する。これは二〇歳代のアンダークラスには、まだ他の階級へと脱出する可能性があるのに対し、三〇歳代ではその可能性が小さくなっていることを考えれば納得がいく。ちなみにこの比率は、四〇歳代でも二五%と低迷し、五〇歳代では三九・四%と少し回復するが、他の階級は五二・六%だから、依

図表4-4　アンダークラスとその他の階級の幸福感（男性・20-59歳）

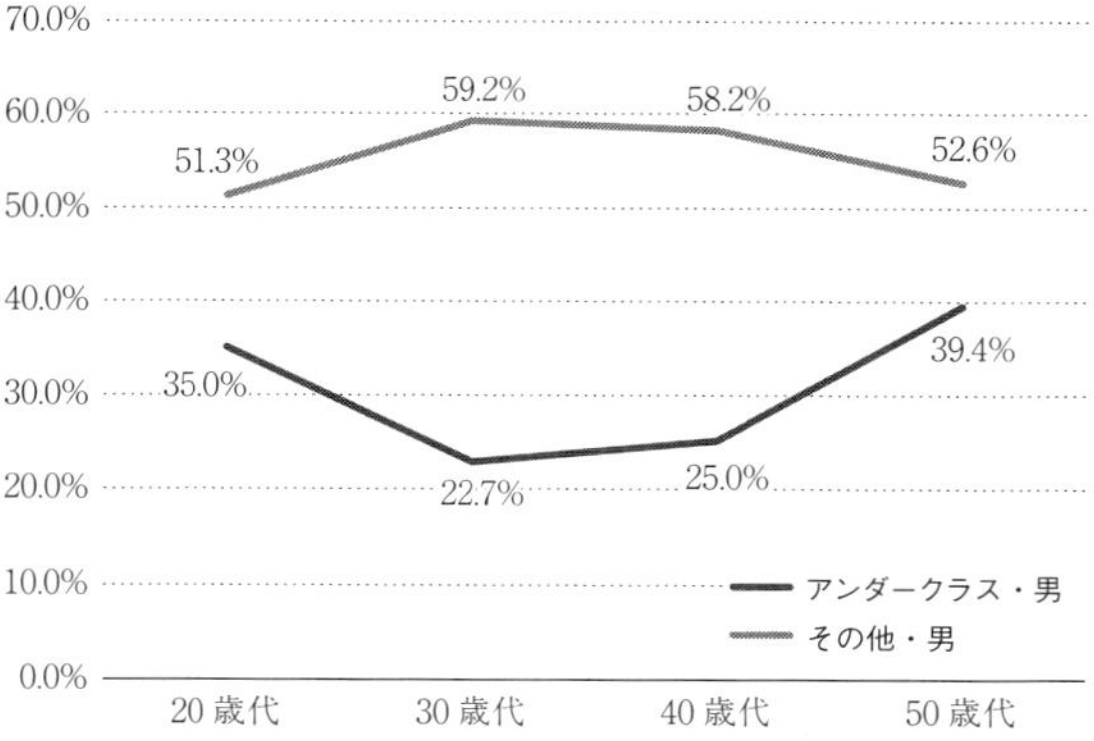

出典）2015年SSM調査データから算出。
注）幸福度が10点満点で7点以上の比率。

然として差が大きい。

†若いアンダークラス男性は抑うつ傾向にある

若いアンダークラス男性の不幸な実態は、その抑うつ傾向についてみると、さらに明らかになる。

二〇一五年SSM調査と二〇一六年首都圏調査では、K6（ケー・シックス）と呼ばれる抑うつ傾向を測定する尺度が、設問に盛り込まれている。これは「いらいらする」「絶望的な感じになる」「そわそわして、落ち着かない」「気持ちがめいって、何をしても気が晴れない」「何をするのもおっくうな気持ちになる」「自分は何の価値もない人間のような気

図表4-5　アンダークラスとその他の階級の抑うつ傾向（男性・20-59歳）

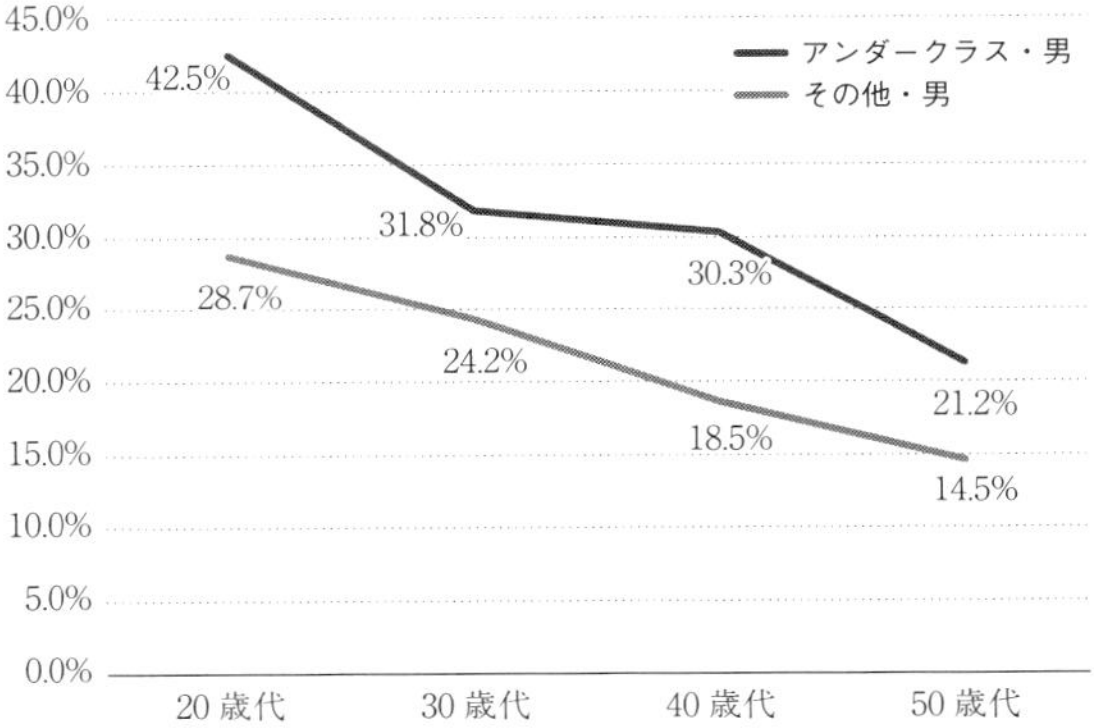

出典）2015年SSM調査データから算出。
注）K6得点が9点以上の比率。

持ちになる」という六つの項目からできていて、そのようなことがどの程度あったかを「いつも」「たいてい」「ときどき」「少しだけ」「まったくない」の五段階で回答してもらうものである。六つの回答を〇点から四点に得点化して合計すれば、二四点満点となるが、この得点が九点以上だと、うつ病や不安障害の可能性が高いとされている。

そこで、この得点が九点以上だった人の比率を、アンダークラスとそれ以外で比較したのが、図表4-5である。九点以上の人の比率は、若い人ほど多いが、アンダークラスとそれ以外の差が非常にはっきりしている。二〇歳代の場合、アンダークラス男性では四二・五％が九点以上だが、その他の階級では二八・七％と低い。九点以上の比率は、年齢とともに下がっていくが、アンダークラスとそれ以外の差は五〇歳代になってもなくならない。

若者は、大人より抑うつ傾向が強い。「絶望的な感じになる」「気持ちがめいって、何をしても気が晴れない」「自分は何の価値もない人間のような気持ちになる」などといったことが、大人より多い。それは若いがゆえの未熟さ、多感さから来る部分もあるのかもしれないが、それだけではない。階級による違いがある。雇用の劣化と就職難からアンダークラスになった若者たちは、そうでない若者たち以上に、苦しんでいるのである。

若いアンダークラス男性たちの苦しみを、さらに鮮明にするため、Ｋ６の代表的な二つの設問に対する回答をみてみよう（図表４－６）。

「絶望的な気持ちになることがある」という男性の比率は、その他の階級の場合、二〇歳代こそ二六・七％と四人に一人を超えるが、その後は低下して、三〇歳代で一九・三％、四〇歳代以降は一〇％台前半にとどまる。これに対してアンダークラスでは、二〇歳代で三二・五％、三〇歳代では三六・四％にも達する。とくにアンダークラスからの脱出が不可能になりつつある三〇歳代のアンダークラス男性にとって、絶望はすぐ近くにあるもの

図表 4-6　アンダークラスとその他の階級の抑うつ傾向
（項目別・男性・20-59 歳）

（1）絶望的な気持ちになることがある

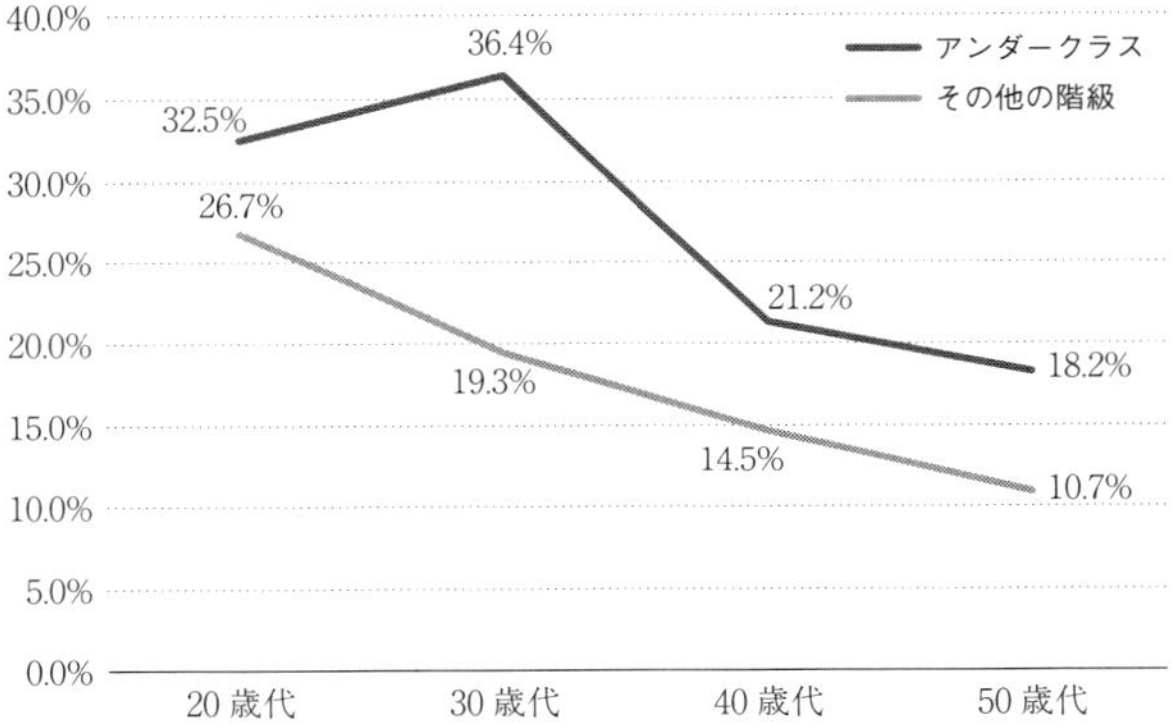

（2）気持ちがめいって、何をしても気が晴れないことがある

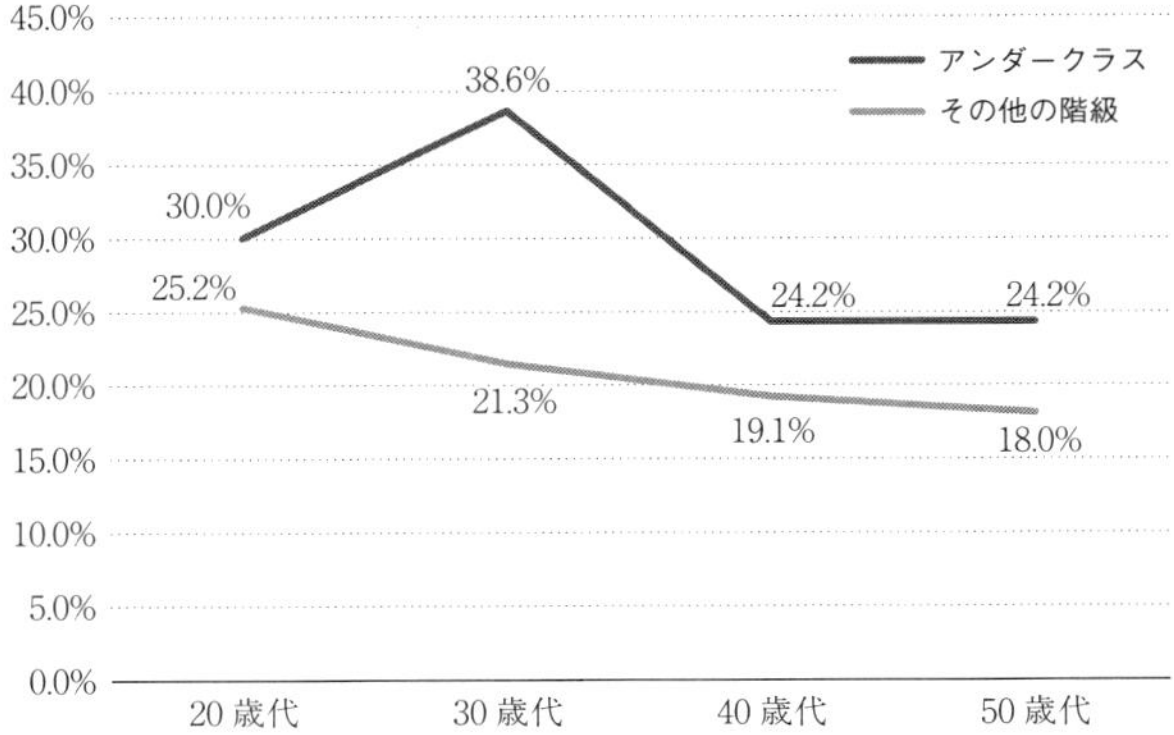

出典）2015 年 SSM 調査データから算出。
注）「いつも」「たいてい」「ときどき」の合計。

である。以後の年齢では低下するが、その他の階級との差は埋まらない。「気持ちがめいって、何をしても気が晴れないことがある」も、傾向はまったく同じである。この比率は、その他の階級では二〇歳代で二五・二％で、以後は緩やかに低下していく。これに対してアンダークラスは、二〇歳代では三〇％で、その他の階級との差はあまり大きくないが、三〇歳代では三八・六％と大幅に上昇する。三〇歳代アンダークラス男性の精神的な危うさが、はっきりわかる。

アンダークラス男性、とくに二〇—三〇歳代の若い男性は、精神的にかなり追い詰められているといっていい。若い男性が幸福だなどとは、とてもいえない。とりわけ雇用の悪化の犠牲者であるアンダークラスの若い男性は、絶望と隣り合わせにいるのである。

アンダークラスの精神的な危うさは、しばしば医学的な処置を必要とするまでになる。図表4-7は、「うつ病やその他の心の病気の診断や治療を受けたことがある」という人の比率を階級別にみたものである。アンダークラスでは、実に二〇・八％もの人がこうした経験をもっている。表には示さなかったが、二〇歳代男性だけを取ってみると、なんと四四・四％にも上っている。これに対して他の階級では、五—八％程度に過ぎない。アンダークラスとそれ以外の差は、歴然としている。

図表 4-7　うつ病やその他の心の病気の診断や治療を受けたことのある人の比率（男性・20-59 歳）

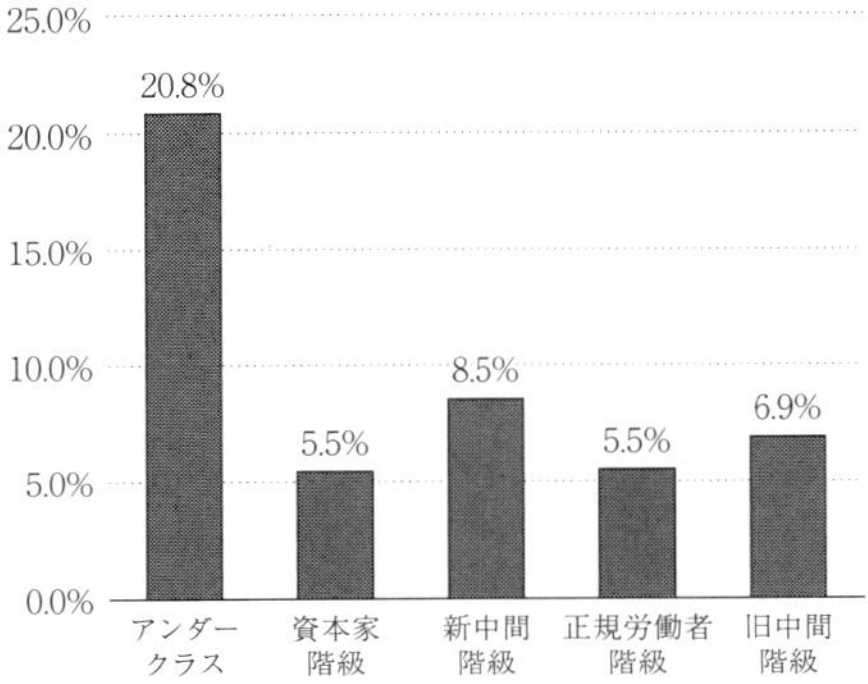

出典）2016 年首都圏調査データより算出。

3　企業の恩恵は受けられない

これまでは、若いアンダークラス男性の不幸と絶望を浮き彫りにするため、年齢別の集計結果を中心にみてきたが、ここからは若年・中年アンダークラス男性全体に目を転じよう。比較対象とするのは、同じく被雇用者である男性の新中間階級と正規労働者である。

図表４－８は、被雇用者の三つのグループが、それぞれどのような職場で、どのような境遇で働いているのかを比較したものである。

「自分の能力が発揮できる」「自分の経験

図表4-8　被雇用者の仕事の世界（男性・20-59歳）

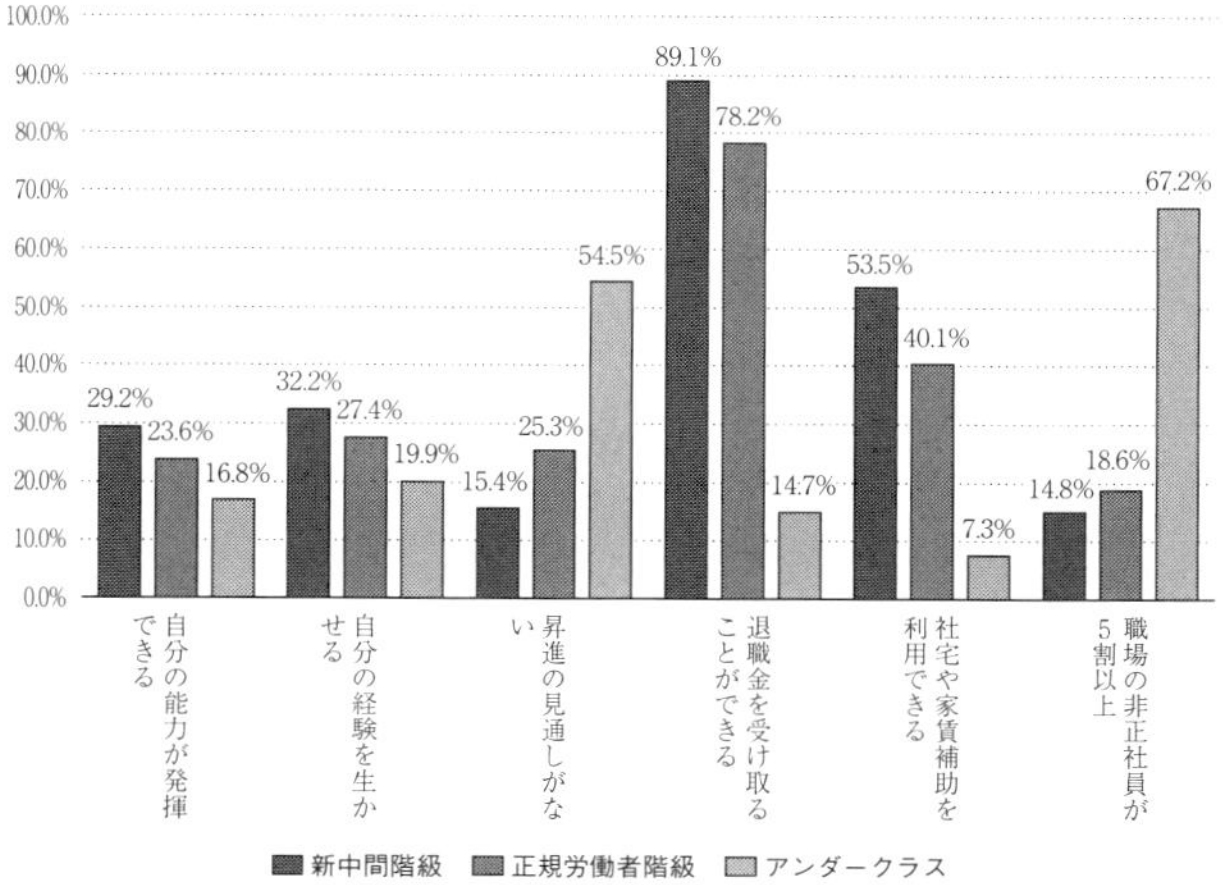

出典）2015年SSM調査データから算出。
注）「自分の能力が発揮できる」「自分の経験を生かせる」は「かなりあてはまる」の比率で、「ある程度あてはまる」を含まない。「昇進の見通しがない」は、昇進の見通しについて「かなりある」「ある程度ある」「どちらともいえない」「あまりない」「ない」「いまより上の地位はない」の6つから「ない」と答えた人の比率。

を生かせる」という人の比率は、全体にあまり高くない。三つのなかでももっとも多い新中間階級でも、三割前後に過ぎない。実はこの比率は、資本家階級では約五割、旧中間階級では六割に達する。やはり被雇用者は被雇用者、雇主の命令に従って働くのが基本だから、能力や経験の発揮は二の次にならざるを得ないのだろう。

とはいえ、三つのグループの間の違いは小さくない。新中間階級は二九・二%までが「自分の能力が生かせる」としているのに対して、アンダークラスは一六・八％に過ぎない。また新中間階級の三二・二％は「自分の経験を生かせる」としているが、アンダークラスは一九・九％である。命じられるままの単純作業という、労働内容そのものの下層性が、ここにあらわれている。

アンダークラスには、昇進の見込みもない。昇進の見通しについて「ない」と答えた人の比率は、新中間階級で一五・四％、正規労働者で二五・三％にとどまるが、アンダークラスは五四・五％と五割を軽く上回る。ちなみに「かなりある」は二・二％、「ある程度ある」は九・〇％だった。もちろん非正規労働者の昇進だから、昇進といってもごく些細なものであるはずだ。

†日本的企業慣行が通用しない

さて日本の企業は、長期雇用を促すためのさまざまな制度を作り上げてきたといわれる。勤続年数が長くなればなるほど賃金が上がっていく年功制が、そのしくみの中心だが、それ以外にもさまざまな制度がある。その代表格が、退職金と福利厚生である。多くの大企業では、戦前期にすでに退職金の制度を導入しており、退職金の額は勤続年数が長くなればなるほど加速度的に大きくなるしくみになっていた。だから会社員にとって、定年まで働くことがもっとも合理的な働き方となったのである。

ただし戦前期の場合、退職金の額には、職員と工員で大きな違いがあった。つまり新中間階級の退職金は多く、労働者階級のそれは少なかった。たとえば三菱長崎造船所の場合で、二五年勤続者の退職金は、社員（高等教育卒の幹部職員）が一九〇ヵ月分、準社員（中等教育卒の事務員）が六五ヵ月分だったのに対し、職工はわずか日給六一〇日分、つまり二五ヵ月分ほどに過ぎなかった（野村正實『日本的雇用慣行』）。しかし戦後の企業民主化運動のなかで、職員と工員の格差は解消されて今日に至っている。基準になる月給の額そのものが違うから、格差が完全になくなったわけではないが、支給月数は基本的に同じになった。

しかし、非正規労働者は別である。退職金を受け取ることができると答えた人の比率は、新中間階級で八九・一％、正規労働者で七八・二％に上っているが、アンダークラスは一四・七％に過ぎない。退職金は、アンダークラスには基本的に無縁のものである。

福利厚生のなかでも金額が大きく、ふだんの家計に与える影響が大きいのは住宅関係の給付だろう。社宅の提供や、住宅手当の支給である。しかし「社宅や家賃補助を利用できる」と答えたのは、新中間階級で五三・五％、正規労働者で四〇・一％なのに対して、アンダークラスはわずか七・三％である。アンダークラスは、正規雇用者向けの制度から、ほぼ完全に排除されているのである。

実はアンダークラスは、職場そのものが正規雇用者から切り離されていることが多い。自分の働く職場に正社員でない人がどれくらいいるかについて尋ねたところ、アンダークラスは六七・二％までが五割以上と答えた。この比率は、新中間階級では一四・八％、正規労働者では一八・六％に過ぎない。アンダークラスは、アンダークラスの多い職場で、正規雇用者の大部分とは異なる職場で働いているのである。ちなみにこの比率は、販売職のアンダークラス男性では九三・三％にも達している。まるで、別世界の住人のようである。

4 厳しい生い立ちと学校教育からの排除

アンダークラスには、不遇な家庭で育った人が多い。もちろん全員がそうではないし、大部分ともいえないが、その比率が高いのはまぎれもない事実である。図表4-9は、これを示したものである。

図表4-9　育った家庭の違い（男性・20-59歳）

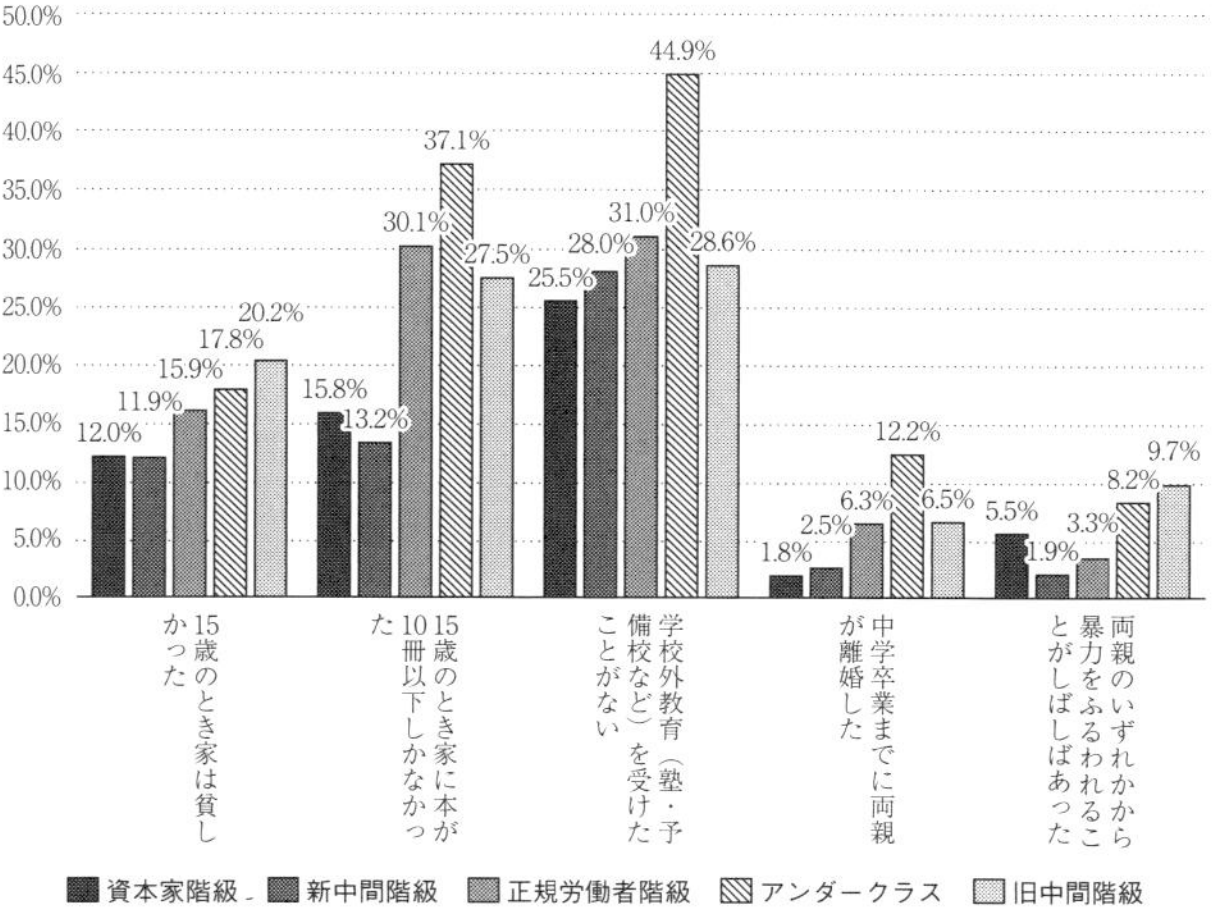

出典）2016年首都圏調査データから算出。
注）「15歳のとき家は貧しかった」は「貧しい」「やや貧しい」の合計。

一五歳のときの家庭の暮らしぶりについて尋ねたところ、アンダークラス男性の一七・八％までが「貧しかった」と答えている。家庭の文化的な環境も、違う。これまでの多くの研究は、家庭の文化的環境が、子どもの教育達成に大きな影響を与えることを示している。二〇一五年SSM調査では、家庭の文化的環境の指標として、一五歳のころ、家に本（雑誌、教科書、漫画、コミックは含めない）がどのくらいあったかを尋ねている。回答をグループ別にみると、アンダークラスは「一〇冊以下」が三七・一％ともっとも多かった。新中間階級は、予想通り一三・二%と少ない。正規労働者階級は三〇・一%、旧中間階級は二七・五%だった。

以上のことは、当然、子どもに対する教育投資の違いとなってあらわれる。小・中学生のころに、半年以上にわたって、塾や予備校に通ったり、家庭教師についたりしたことがあるかどうかを尋ねたところ、アンダークラスは四四・九%までがないと答えた。他の四つの階級は三〇%前後で、あまり違いがない。

中学卒業までに両親が離婚したという人の比率も、アンダークラスでは一二・二%と多かった。新中間階級は二・五%、やや高い正規労働者と旧中間階級でも六%台だから、ずいぶん違う。両親のいずれかから暴力を振るわれた経験をもつ人も、アンダークラスには八・二%いた。旧中間階級は同じくらい高いが、同じ被雇用者の新中間階級は一・九%、正規労働者は三・三%と低い。どちらも比率は一割前後だから、家庭の不和や親の暴力がアンダークラス男性の典型的な家庭背景だとまではいえないが、これらが背景となってアンダークラスに迷い込む男性が一定数いるのは確かなようである。

以上からみると、アンダークラスの育った家庭環境は、かなり異質なようである。新中間階級と大きく異なるのはもちろんのこと、正規労働者ともかなり違いがある。アンダークラス男性の育った家庭環境は、経済的に貧しく、文化的環境にも恵まれず、教育投資がされず、さらには家庭に不和や暴力がある。こうして親から子への貧困の連鎖が起こっているのである。

†いじめ・不登校……学校教育からのさまざまな排除

学校での経験にも、大きな違いがある。端的にいえば、アンダークラス男性には、学校教育からの排除を経験している人が多い。図表4-10は、これを示したものである。

まず、成績がよくない。中学三年生のときの成績が下の方だった人の比率は、アンダークラスが四九・三％とずば抜けて高い。正規労働者は他より多いとはいえ三七・一％で、新中間階級は一四・八％と少ない。この成績に関する設問は、自分の通った学校の学年のなかでの成績を尋ねたものである。アンダークラスは住民の教育水準も所得水準も低い地域、新中間階級は住民の教育水準も所得水準も高い地域で育っている可能性が高いから、実際の差は、この数字以上だろう。

学校でいじめにあった経験をもつ人が多い。アンダークラスの実に二八・六％までが、学校でのいじめを経験している。この数字は、いささか衝撃的である。

図表 4-10　学校教育からの排除（男性・20-59 歳）

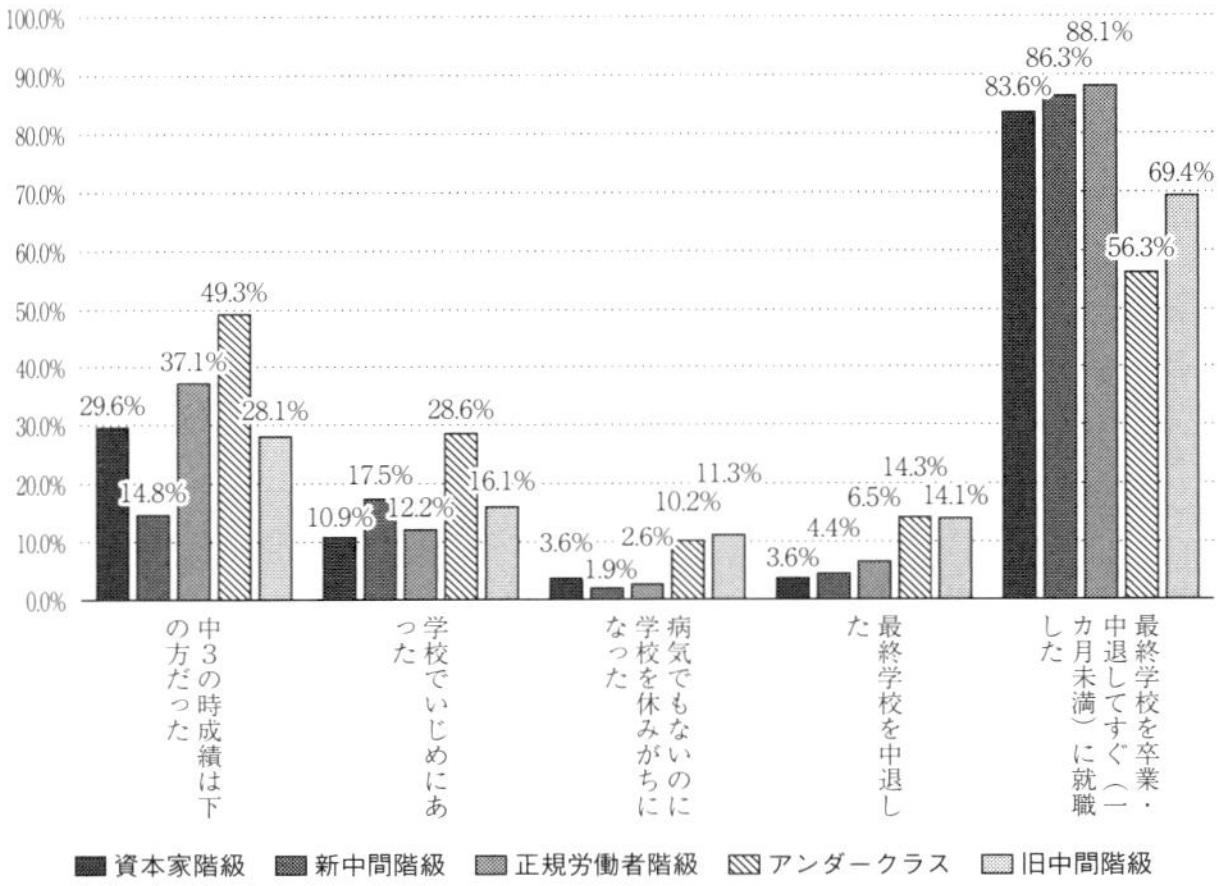

出典）2016 年首都圏調査データから算出。
注）「中 3 の時成績は下の方だった」は「下の方」「やや下の方」の合計。

不登校の経験（「病気でもないのに学校を休みがちになった」）をもつ人も、一〇・二％と多い。新中間階級はわずか一・九％、正規労働者も二・六％に過ぎない。ただし旧中間階級は一一・三％と、アンダークラスを上回っている。

そして学校教育からの最終的な排除である、退学。アンダークラスの一四・三％までが最終学校を退学している。学校中退が、アンダークラスへの重要な経路になっていることは明らかだろう。ちなみに旧中間階級も、一四・一％と多い。

アンダークラスにこれだけ中退者

が多いところをみると、中退者のなかでアンダークラスになる人の比率が相当高いということは、容易に想像できる。それは、どの程度なのか。文部科学省は基本的に、学校を正規に卒業した生徒・学生についてだけしか進路を調査していないので、中退者の進路について詳しいことはわからない。しかし二〇一二年に行われた調査の分析結果から、だいたいのところはわかる（労働政策研究・研修機構「大学等中退者の就労と意識に関する研究」、ただし数字は男女計）。これによると、高校中退者のうち正社員になったのは三一・三％で、四九・四％は正社員を経験したことがなく、一三・五％は就業経験がない（五・八％は就業形態が不明）。また大学・大学院中退者のうち、三三・九％は正社員となっているが、四五・七％は正社員を経験したことがなく、一三・九％は就業を経験していない（六・五％は就業形態が不明）。短大・専門学校等中退者も、比率は同じくらいである。二〇〇〇年以降、高校中退者数は年間五―一〇万人、大学中退者も年間四―八万人程度で推移しているから、これらはアンダークラスの重要な供給源だということができる。

また学校から職業へと順調に移行できなかったこと、つまり速やかに就職できなかったことが、アンダークラスに転落する重要な契機になっている。図表4－10のいちばん右に示したように、新中間階級は八六・三％、正規労働者は八八・一％までが卒業とほぼ同時に就職しているが、アンダークラス男性ではこの比率が五六・三％に過ぎない。

†卒業後から数年のうちに非正規労働に

さて、アンダークラス男性の学校を出たあとの経歴について、簡単にだけみておこう。前章の最後に述べたように、若年・中年アンダークラス男性の四三・四％は、初職からアンダークラスだった。残りの五六・六％の最初の職業だが、四六・七％が正規労働者で、七・九％が新中間階級だった。しかし、彼らの五四・七％までが三年以内に、そして六年以内に八〇・二％までが最初の勤めを辞めている。その理由は、「職場に対する不満」が三七・三％でもっとも多く、「よい仕事がみつかったから」という積極的なものも二四％あるが、あとは「倒産・廃業・人員整理など」「その他」（いずれも一〇・七％）、「健康上の理由」（五・三％）などとなっている。そして最初の職を辞めたあとは、三一・八％がアンダークラスとなり、一五・三％が無職となっている。こうして学校を卒業して数年のうちに、アンダークラスは膨れ上がるのである。

5 孤独と健康不安

若年・中年アンダークラス男性、とくに若いアンダークラスが、精神的に多くの問題を抱えがちであることについては、すでに述べた。それでは、身体的な健康についてはどうだろうか。図表4-11は、健康状態と健康習慣についてみたものである。

健康状態がよい人の比率がとくに高いのは資本家階級、次いで新中間階級である。旧中間階級がこれに次いで健康状態がよく、正規労働者はやや落ちるが、アンダークラスはきわだって低く、正規労働者を八ポイント以上も下回っている。

ケガや病気、痛みなど、身体的な理由で仕事や生活に支障があったという人の比率は、アンダークラス以外はきわめて低く、二―三%程度に過ぎない。しかしアンダークラスでは一〇・四%にも上っている。

食事の栄養バランスに気をつけているという人の比率は、資本家階級と新中間階級が高く、旧中間階級がこれに次いでいる。この項目に関しては正規労働者に特徴があり、この比率がわずか三九・三%と、アンダークラスの四二・九%より低かった。しかし正規労働

図表 4-11　健康状態と健康習慣（男性・20-59 歳）

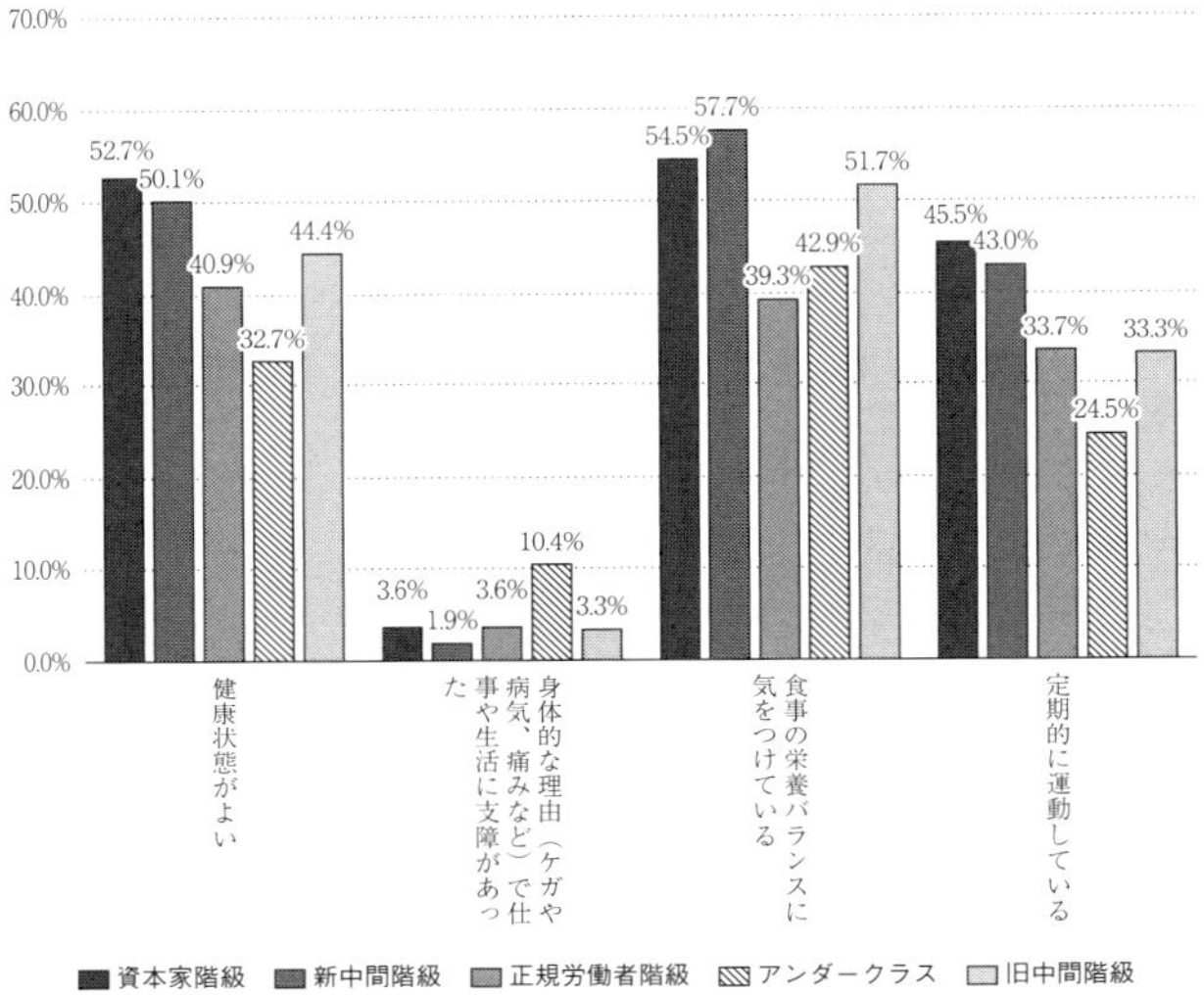

出典）2016 年首都圏調査データから算出。
注）「健康状態がよい」は「よい」「まあよい」の合計。「身体的な理由（ケガや病気、痛みなど）で仕事や生活に支障があった」は「いつも」「たいてい」の合計。「食事の栄養バランスに気をつけている」「定期的に運動している」は「あてはまる」「ややあてはまる」の合計。

者には有配偶者が多いので、実際には妻に気をつけてもらっているというケースも多いはずである。

定期的に運動しているという人の比率は、資本家階級が四五・五％と高く、新中間階級が四三・〇％でこれに次いでいる。正規労働者と旧中間階級は三三％台で並んでいるが、アンダークラスは二四・五％と、大幅に低くなっている。

総じていえば、健康格差という点からみても、アンダークラスの窮状ははっきりしており、他の階級との違いは、明白である。

†身長と体重までに格差が表れた

二〇一六年首都圏調査では、社会科学系の調査では珍しいのだが、健康状態の目安ということから身長と体重についても質問している。まさか差が出ることはあるまいと思いつつ、試しに階級別に集計したのだが、結果をみて驚いた。男性に限ったことなのだが、身長、体重とも違いが認められるのである。これを示したのが、図表4－12である。

図表4-12　階級別にみた身長と体重（男性・20-59歳）

	身長（cm）	体重（kg）
資本家階級	173.2	72.9
新中間階級	171.5	68.1
労働者階級	170.9	69.7
アンダークラス	169.4	65.8
旧中間階級	170.8	69.6

出典）2016年首都圏調査データから算出。

身長がいちばん高いのは、資本家階級である。一七三・二センチメートルだから、かなり高い。文部科学省の「学校保健統計調査（二〇一六年）」によると、一七歳の男子高校生の平均身長は一七〇・七センチメートルだったから、これを二・五センチメートル上回っている。次いで高いのは新中間階級で、一七一・五センチメートル。これに対してアンダークラスは、一六九・四センチメートル。資本家階級を三・八センチメートル、新中間階級を二・一センチメートル下回っていて、この差は統計学的に有意である。体重は、さらに差が大きい。資本家階級が七二・九キログラムでもっとも重く、労働者階級と新旧二つの中間階級がこれに次ぐが、アンダークラスは六五・八キログラムで、二番目に軽い新中間階級をも二・三キログラム下回っている。アンダークラスと資本家階級・労働者階級の間には統計学的に有意な差があり、旧中間階級も有意水準を一〇％とすれば有意と認められる（新中間階級については有意差がない）。

†「つながり」や「信頼」も絶たれてしまう

さて、人々の健康状態を左右する要因として、近年注目されているのがソーシャル・キャピタルである。社会関係資本と訳されることもあるが、人々の間の信頼関係やネットワークのことを指す概念である。人々の間に信頼関係が形成されていれば、また頼りにすることができる人間関係のネットワークがあれば、健康状態を維持しやすいし、何かあったときにサポートを受けることも容易になる。ところがソーシャル・キャピタルにも格差があり、とくにアンダークラス男性は、決定的にソーシャル・キャピタルを欠いている。これを示したのが、図表4−13と4−14である。

図表4−13は、一般的信頼感の程度を階級別にみたものである。一般的信頼感とは、とくに情報のない他者一般に対する信頼感のことで、社会心理学でよく使われてきた概念である。一般的信頼感が低いとき、人々は他者に協力的な行動を取りにくくなる。というのはこのとき、自分が他者に協力的な行動を取ったとしても、相手から裏切られて一方的に損をするのではないかと考えがちになり、協力行動に踏み出しにくくなるからである。逆に一般的信頼感が高いとき、人々の間には協力的な行動が形成されやすくなる。表には一般的信頼感の強い人の比率を示している。

アンダークラスの一般的信頼感は、飛び抜けて低い。信頼感の強い人の比率はわずか四〇・八%で、他の階級・グループの三分の二程度に過ぎない。ということはアンダークラスは協力的行動に踏み出すことが難しいということである。

図表 4-13　階級別にみた一般的信頼感（男性・20-59 歳）

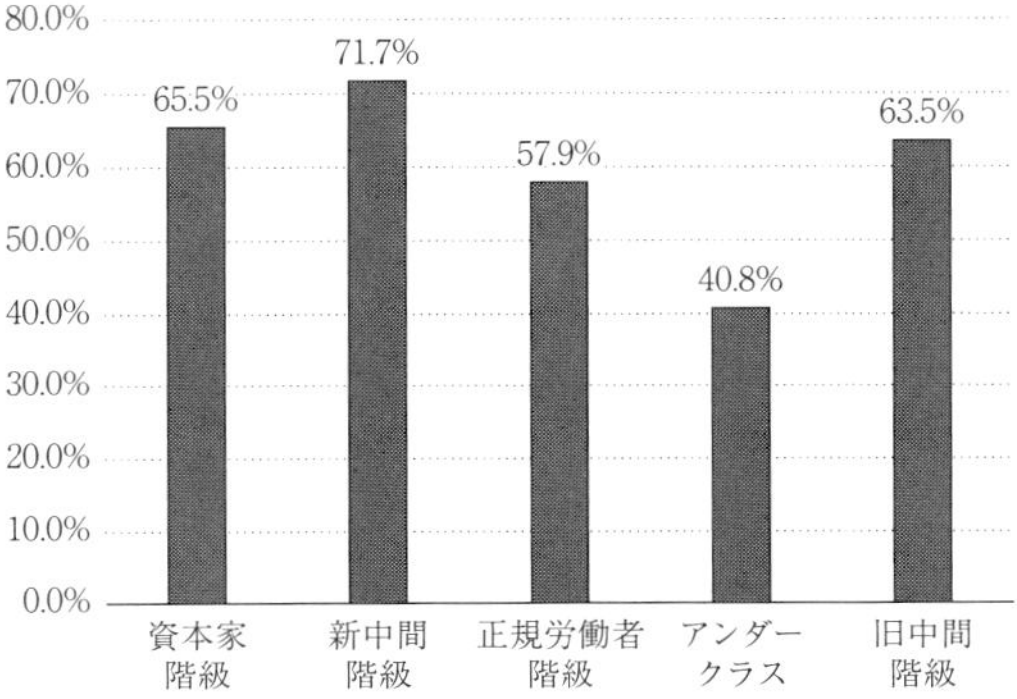

出典）2016 年首都圏調査データから算出。
注）「一般的に人は信頼できる」という問に「そう思う」「ややそう思う」と答えた人の比率。

図表 4-14　階級別にみた信頼できる家族・親族と友人・知人の数（男性・20-59 歳）

	家族・親族	友人・知人
資本家階級	8.4	12.1
新中間階級	6.8	7.3
正規労働者階級	8.5	8.8
アンダークラス	4.9	3.2
うち無配偶者	3.8	2.9
うち有配偶者	7.3	4.4
旧中間階級	8.5	11.1

出典）2016 年首都圏調査データから算出。
注）友人・知人の数が 200 人を超えるサンプルは除外した。

図表4－14は、日ごろから親しくし、信頼している家族・親族と友人・知人の数である。ちなみにこのような友人・知人が数百人いるという回答もあったが、平均値を大きく引き上げることになるため、除外した。

ここでもアンダークラスの異質性が目立つ。家族・親族も四・九人と少ないが、友人・知人はわずか三・二人で、他の階級・グループの三分の一から四分の一程度に過ぎない。とくに無配偶者では、家族・親族が三・八人、友人・知人はわずか二・九人である。アンダークラス男性は社会的に孤立しており、協力行動に踏み出しにくく、また他者からサポートを受ける機会が少ない状態に置かれているのである。

ちなみに二〇一五年SSM調査データでみると、若年・中年アンダークラス男性のうち、ひとり暮しをしている人は一七・一％で、意外に少ない。妻と同居している人は二五・七％で、妻の職業をみると、四六・一％が非正規労働者、四四・一％は無職だった。同居家族でもっとも多いのは自分の親で、六〇・五％が自分の親と同居していた。

親と同居しているアンダークラス男性といえば、親に経済的に依存する、いわゆる「パラサイト・シングル」を思い浮かべる人が多いだろう。たしかに、そうした人がいるのは事実である。ここで、世帯収入に占める自分の収入の比率を「世帯収入貢献度」と呼ぶことにしよう。親と同居しているアンダークラス男性の世帯収入貢献度をみると、二二・二％が二五％未満、五五・六％は五〇％未満だった。しかし逆にいえば、四四・四％は世帯収入貢献度が五〇％以上で、むしろ親を養っているということになる。これに対して妻と同居しているアンダークラス男性のうち、世帯収入貢献度が五〇％未満なのは、一八・八％と少なかった。アンダークラスのうち、他の家族に経済的に依存している人の比率は意外に小さく、主要な稼ぎ手である人がかなりの比率に上るのである。

6 アンダークラスの数少ない希望

以上みてくると、絶望のアンダークラス、とでもいいたくなってくる。生い立ちからふりかえるなら、家庭は貧困で、家族関係に問題があったり、教育環境に恵まれないことも多かった。学校での成績は振るわず、いじめに遭うことも多かった。就職はうまくいかず、うまくいった場合でも多くが早期退職している。多くが未婚で、一度も結婚を経験しない「生涯未婚」となる可能性が高い。いまの暮しをみると、経済的に苦しく、仕事にも生活にも不満が多く、自分を不幸だと感じ、絶望的な気持ちになったり、あるいは自分には何の価値もないという思いに苛まれることも多い。実際に、精神的にも身体的にも、問題を抱えている人が多い。勤め先では、昇進の見込みはなく、福利厚生の恩恵を受けることもない。これが、アンダークラス男性の実像である。

†かすかにみえる希望とは？

たしかに現状は、とてつもなく暗い。しかし、希望もある。なぜならアンダークラス男性は、日本の現状を変える社会勢力の中心となり得る可能性を秘めているからである。

格差の現状と、その解消について尋ねた設問への回答をみてみよう（図表4－15）。資本家階級、そして新中間階級は、「いまの日本では収入の格差が大きすぎる」という事実を、なかなか認めたがらない傾向がある。これに対してアンダークラス男性は、これをはっきりと認めている。「ややそう思う」を含めれば八九・四％、「とてもそう思う」というきっぱりした回答も四二・六％に上っており、彼らの日本の現状に対する評価は明確である。

現代日本の貧困層について、「貧困に陥ったのは自分のせいだ」という自己責任論に与《くみ》することなく、「貧困になったのは社会のしくみに問題があるからだ」と認めるのも、アンダークラス男性の特徴である。八一・三％までが、このことを認めている。こと貧困に

図表 4-15　格差と格差解消についての考え方（男性・20-59 歳）

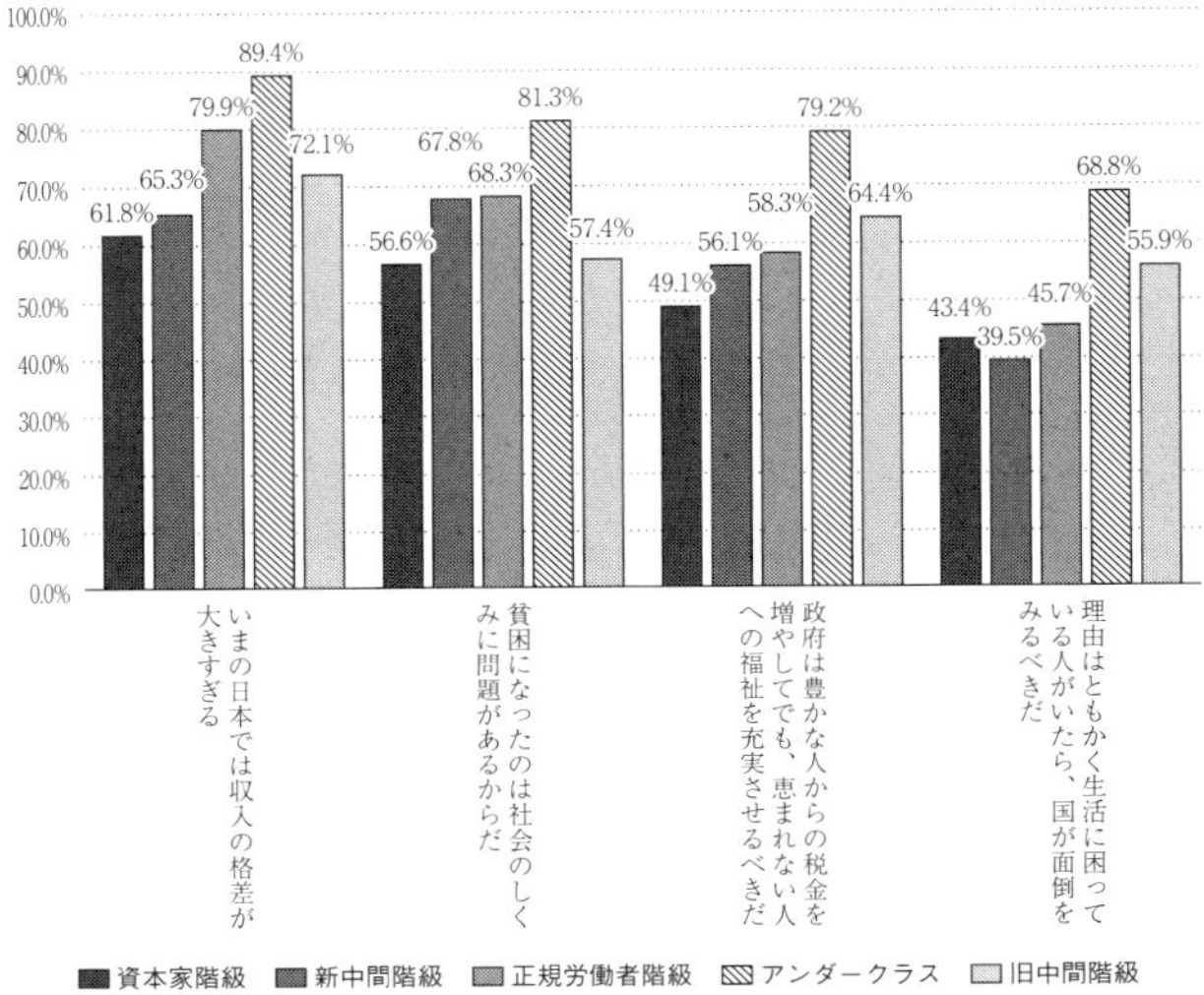

出典）2016 年首都圏調査データから算出。
注）いずれも「とてもそう思う」「ややそう思う」の合計。

関する限り、アンダークラス男性はすでに、自己責任論から相対的に自由である。これに対して資本家階級と旧中間階級は、貧困が社会のしくみに由来するものであることを、なかなか認めようとしない。

そしてアンダークラス男性は、豊かな人々への課税と恵まれない人への福祉の充実を通じた所得再分配を、断固として支持する。七九・二%というその比率は、群を抜いて高い。これに対して、所得再分配に消極的なのは誰か。資本家階級が消極的なのは当然として、新中間階級、そして驚いたことに正規労働者までが、資本家階級とほぼ足並みを揃えている。「満ち足りた多数派」は、富裕層への課税と再分配を認めてしまうと、自分たちへの増税につながりかねないと考えて、富裕層の高い所得に寛容になるという、第二章で紹介したガルブレイスの指摘を思い出す。

圧巻は「理由はともかく生活に困っている人がいたら、国が面倒をみるべきだ」への態度である。「理由はともかく」という注釈のついたこの設問は、生活苦に対する無条件の救済を求めるものである。無条件ということは、怠惰による貧困までが救済の対象になるということだ。にもかかわらず、アンダークラスは六八・八%までがこれを認めるのである。これを認めたがらないという点できれいに足並みを揃える、資本家階級、新中間階級、正規労働者との違いは明らかだ。おそらくアンダークラスは、「満ち足りた多数派」とは対照的に、怠惰による貧困を自己責任として切り捨てるなら、自分たちの貧困までが放置されてしまうと考えるのだろう。実に明確な姿勢である。

詳しくは第八章に譲るが日本の現状では、アンダークラスを代表するような有力な政党も、労働組合などの団体も、見当たらない。彼らはいまのところ、政治的に無力である。彼らは孤立しがちで、組織されにくい。しかし彼らの社会への不満と正当な怒りは、社会を変えるための行動に踏み出す十分な動機となり得る。これを組織する回路が作られるなら、彼らは日本の政治に大きな影響を及ぼすようになるだろう。若年・中年アンダークラス男性は、日本の希望なのである。

第五章　アンダークラスの女たち——その軌跡と現実

本章では主に、五九歳以下のアンダークラス女性（若年・中年アンダークラス女性）を取り上げる。ただし六〇歳以上の高齢アンダークラス女性は、若年・中年アンダークラス女性とかなり異なるものの、連続している部分も多い。そうした連続する部分については、本章でまとめて取り上げることにする。配偶者のいない非正規労働者である彼女らは、二〇一二年の就業構造基本調査によると約四〇二万人で、女性の就業人口の一五％を占めている。二〇歳代では、アンダークラス男性と同様に未婚者が大半を占めるが、四〇歳代以上では離死別者が多数を占めるようになる。4＋1の階級構造の底辺を占めるアンダークラスのなかでも、経済的にもっとも苦しい状況にあるのは、彼女らである。

1　同居でも生活は苦しい

未婚者が大半の若年・中年アンダークラス男性とは違って、アンダークラス女性は多数の離死別者を含んでいる。しかしひとり暮しは意外に少なく、親または子どもと同居している人が多い。彼女らの家族構成と家計の状況についてまとめたのが、図表5－1である。比較のため、他の階級の数字（資本家階級・新中間階級・正規労働者・パート主婦・旧中間階級の合計）をいちばん右に示しておいた。

若年・中年アンダークラス女性は、一二・三％だけがひとり暮しで、あとは家族等と同居している。親と同居しているのは五七・二％、子と同居しているのが四〇・一％だった（親と子の両方と同居している人がいるので、合計は一〇〇％を超える）。これに対して高齢アンダークラス女性は、四八・七％と約半数がひとり暮しで、四四・九％が子と同居している。

労働時間は若年・中年アンダークラス女性の方が長く、週あたりで三四時間から三七・五時間働いている。この労働時間は、他の階級の平均とほぼ同じである。これに対して高

図表 5-1　女性アンダークラスの家族構成と家計

	若年・中年アンダークラス女性			高齢アンダークラス女性		その他女性
	ひとり暮し	親と同居	子と同居	ひとり暮し	子と同居	
構成比	12.3%	57.2%	40.1%	48.7%	44.9%	—
週あたり労働時間（時間）	37.5	34.8	34.0	24.4	22.2	34.0
個人収入（万円）	198	157	164	201	182	225
世帯収入（万円）	221	423	264	205	592	687
年金収入（万円）	—	—	—	91	78	12
貧困率	38.1%	28.1%	69.2%	30.3%	0.0%	7.8%
医療費を切り詰めている人の比率	38.5%	19.0%	29.9%	33.3%	30.0%	18.9%

出典）構成比、週あたり労働時間、収入、貧困率は 2015 年 SSM 調査データより算出。医療費を切り詰めている人の比率は 2016 年首都圏調査より算出。
注）「その他女性」は、資本家階級・新中間階級・正規労働者・パート主婦・旧中間階級。60 歳以上にも親と同居している人がいるが、少数なので省略した。一部に親・子どもの両方と同居している人もおり、「親と同居」「子と同居」の両方にカウントされている。59 歳以下で年金収入のある人はごくわずかなので、年金収入額は省略した。医療費を切り詰めている人の比率には「もともと支出していない」を含む。

齢アンダークラス女性の労働時間は、週あたりで二〇時間台の前半と短い。高齢ということもあるが、年金収入が八〇—九〇万円程度あるため、長時間働く必要がない場合が多いのだろう。とはいえ六〇歳を超えたひとり暮しの女性が、平均でわずか九一万円という年金では生活できず、非正規雇用で働いてようやく二〇〇万円ほどの収入を確保して生計を立てているわけだから、かなりつらいものがある。

これに対して同じ六〇歳以上でも、子と同居している人の場合は、世帯収入が五九二万円あって、貧困率は〇%だった。子と同居して経済的には安定しているはずの彼女たちは、なぜ働き続けるのか。その鍵は、仕事に対する満足感にありそうだ。第三章の図表3-5に示したように、高齢アンダークラス女性は、四九・四％までが仕事の内容に、また三一・二％までが仕事による収入に満足しているが、この比率は子と同居している人ではそれぞれ五二・九％、三五・三％とさらに高く、仕事の内容への満足度などは、「どちらかといえば満足」まで含めれば九〇％近くにまで達するのである。仕事に生きがいを感じ、また自由にできるお金を手にすることで、満足を感じている人が多いのだろう。ある意味、幸福な老後を送る女性たちであり、彼女たちを「アンダークラス」と呼ぶのは適切ではないかもしれない。むしろ家計の基本的な部分を子どもに依存し、年金収入と非正規労働による収入で自由に生きる「逆パラサイト・シングル」とでも呼ぶべき女性たちが、一部に含まれている可能性がある。この点については、次章で立ち返ることにしたい。

†同居していても生活の厳しさは変わらない

これに対して、若年・中年アンダークラス女性の生活は厳しい。それは、親と同居している場合でも、基本的には変わらない。

親と同居している未婚女性といえば、四〇歳代以上の読者ならば「パラサイト・シングル」という言葉を思い浮かべるかもしれない。第四章でも少し触れたが、ここで若い読者のために説明しておこう。

一九九七年二月八日「日本経済新聞」夕刊に、「増殖する寄生シングル――親元でリッチな生活、非婚化・少子化を助長」という記事が掲載された。社会学者の山田昌弘に記者が取材してまとめたものである。ここで山田は、「いつまでも親元を離れず、親の援助を受けてリッチな独身生活を楽しんでいる」若者たち、とくに女性たちをパラサイト・シングルと呼んだのである。パラサイトとは「寄生」という意味だから、直訳すれば「寄生単身者」ということになる。若者たちの親たちは、当時五〇―六〇歳代。父親たちは高度成長期に就職して順調にキャリアを積み、それなりの地位に就き、退職したとしても子どもに経済的に頼る必要はない。母親は専業主婦になることが多かった世代だから、子どもが家事をする必要はない。自分専用の部屋もある。自分の給料は、ほぼすべて自由になるから、ぜいたくができる。なぜ結婚しないのか。若い男性は経済力がないから、結婚して家を出て行くと、生活水準が下がる可能性が高い。だから、結婚しようとしないのである。このように「親元でリッチに暮らすヤングアダルト」が、現在の少子化の原因になっている、と山田はいう。

山田はその後も積極的に発言を続け、パラサイト・シングルは少子化の原因であり、ひいては住宅や耐久消費財の需要を減少させて、不況の原因になっている、と主張するようになった（『パラサイト・シングルの時代』）。山田の名誉のために付け加えておけば、彼はその後の社会の変化、そして新しい調査の結果などから、のちに主張を修正している。その後になって若者の状況は一変し、非正規労働が増加したことや、そのまま未婚であり続けるうちに親が高齢となり、逆に親を支えなければならなくなったことなどから、彼ら・彼女らが豊かな生活をしているとはいえなくなったというのである（『パラサイト社会のゆくえ』など）。

「パラサイト・シングル」が、親に頼って気楽に生きる若者たちだという主張が事実に反することは、その後何回かにわたって指摘されてきた。たとえば労働経済学者の玄田有史は、若者がパラサイトするのは、若者たちの雇用の悪化により収入が減って、自活することができなくなったからであり、パラサイト・シングルは不況の原因ではなく結果だと主張している（『仕事のなかの曖昧な不安』）。また社会学者の白波瀬佐和子は、データ分析の結果から、二〇歳以上の未婚の子のいる世帯の所得は高くなく、むしろ子が親を経済的に支えている世帯が多いということを明らかにしている（『少子高齢社会のみえない格差』）。

親が子を支えるにせよ、逆に子が親を支えるにせよ、成人後の子どもが親と同居している世帯は、けっして豊かな世帯ではないのである。

†家計貢献度をみると寄生という現実はほとんどない

しかし、一度流行語となった言葉というものは、人々の認識をしばしば固定化させてしまう。いまだにパラサイト・シングルのイメージが残っているとしたら、そのイメージのためにもっとも誤解を受けやすいのは、これら親と同居しているアンダークラス女性たちだろう。その実態は、どうか。

親と同居している五九歳以下アンダークラス女性の個人収入はわずか一五七万円。これに対して世帯収入は四二三万円で、少ないとまではいえないが、貧困率は二八・一％に上っている。これは世帯所得が六〇〇万円以上の豊かな世帯が二割ほどある一方で、四〇〇万円未満の世帯が六割近くを占めていることによるものである。それでは彼女らは、親にパラサイトしているといえるか。これは彼女らの家計貢献度、つまり個人収入が世帯収入に占める割合をみればわかるはずだ。計算してみると、家計貢献度が四分の一以下という、文字通りパラサイトしているとみられる人は全体の二一・九％に過ぎず、五〇％は家計貢献度が二分の一以上だった。四分の三以上も一八・八％である。つまり彼女たちの多くは、非正規雇用の乏しい収入で、親を養っているのである。そのうえ、さらに自分の子どもを養っているという人も少なくない。

子と同居している若年・中年アンダークラス女性の個人収入は、一六四万円とやはり少ない。世帯収入もわずか二六四万円で、貧困率は実に六九・二％である。主に子の収入によって生計を立てているとみられる世帯は少なく、七六・九％は家計貢献度が二分の一以上である。そしてひとり暮しの個人収入は一九八万円と少し多いが（ひとり暮しなのに世帯収入が二二一万円と個人収入を上回っているのは、別居家族の収入を合算した人がいることによるもの）、貧困率は三八・一％に上っている。

彼女たちは乏しい収入で生計を維持するため、さまざまな支出を切り詰めている。図表5－1には、とくに深刻と思われる医療費についてだけ数字を示しておいた。親と同居している若年・中年アンダークラス女性だけは、切り詰めている人の比率がその他の階級の女性と変わらないが、その他のアンダークラス女性は、三割から四割近くが医療費を切り詰めていると答えている。心細い生活ぶりがうかがえる。

2　未婚と離死別の分岐

次にアンダークラス女性たちが、これまでどのような人生を送ってきたのかをみていくことにしよう。SSM調査では、これまでに就いたすべての職業を、無職の期間を含めて尋ねている。しかも結婚したことのある人については結婚したときの年齢、そして離別・死別したことのある人については、そのときの年齢を尋ねている。だから質問紙による調査でありながら、回答者のこれまでの生活歴をかなり詳しく知ることができる。生活歴は配偶関係、つまり未婚・離別・死別のいずれであるかによって大きく異なるはずだから、区別してみていこう。

図表5－2は、職業経歴の概要を示したものである。

未婚者は最初から五九・八％までが非正規労働者で、正規労働者が三五・七％だった。前章でみたように、若年・中年アンダークラス男性では最初から非正規労働者だった人が四三・四％だったが、これを一六％も上回っている。離職を経験したことのある人は七六・八％である。最初の仕事を辞めた理由は多様だが、「よい仕事がみつかったから」（三

図表 5-2　女性アンダークラスの最初の職業

	未婚	離別	死別
最初についた職業			
正規労働者	35.7%	71.7%	86.2%
非正規労働者	59.8%	22.8%	10.3%
離職経験のある人	76.8%	100.0%	100.0%
なぜ最初の職業を辞めたか（離職経験者）			
よい仕事がみつかった	30.0%	14.0%	10.3%
職場に対する不満	28.8%	15.1%	10.3%
家庭の理由（結婚、育児など）	2.5%	58.1%	62.1%
最初の職業をやめたあと（離職経験者）			
正規労働者	17.6%	19.4%	16.7%
非正規労働者	48.2%	29.0%	16.7%
無職	29.4%	48.4%	61.7%

出典）2015 年 SSM 調査データより算出。20-79 歳女性。

〇％）、「職場に対する不満」（二八・八％）が多かった。「家庭の理由」（二・五％）は、ごくわずかである。そして最初の仕事を辞めたあとどうしたかを尋ねると、非正規労働者が四八・二％と多く、次に多いのが無職（二九・四％）で、正規労働者は一七・六％に過ぎなかった。表には示していないが、さらに詳しい集計を行ってみると、最初の仕事が正規労働者だった人のうち、次の仕事も正規労働者だった人は三三・三％に過ぎず、非正規労働者が三五・九％、無職が三〇・八％だった。最初の仕事を辞めたのを機にアンダークラスへと流入したり、あるいは無職期間を経てアンダークラスに流入した人が多いことがわかる。未婚者のほとんどは五九歳以下だから当然なのだが、若年・中年アンダークラス男性と共通点が多いことがわかる。

†離死別という分岐点で人生は一気に変わる

離死別者は、まったくようすが違う。最初に就いた職業は正規労働者が多く、離別者で七一・七％、死別者で八六・二％である。死別者の方が多いのは、離別者より年齢層が高く、最初の職は正規雇用が当たり前という時代に就職したからだろう。離職経験のない人は、調査対象者には一人もいなかった。そして最初の仕事を辞めた理由をみると、「家庭の理由（結婚、育児など）」が約六割（離別者五八・一％、死別者六二・一％）に上っている。そして離職後は、離別者で四八・四％、死別者で六一・七％が無職となっている。アンダークラス女性には、結婚を機に無職となった経験をもつ人が多いということがわかる。

離死別者の職業経歴を、もう少し詳しくみてみよう。図表5－3は職歴データを用いて、結婚前後と離死別前後のようすをみたものである。

離別者・死別者とも、結婚直前には半分以上の人が正規労働者だった。非正規労働者が離別者（二六・四％）で多く、死別者（八・六％）で少ないのは、やはり年齢層の違いによるものだろう。しかし結婚後は、正規労働者が大幅に減る。離別者ではわずか七・八％、

図表 5-3　離死別経験のある女性アンダークラスの職業経歴

	離別			死別		
	正規労働者	非正規労働者	無職	正規労働者	非正規労働者	無職
結婚直前	53.8%	26.4%	16.5%	55.2%	8.6%	32.8%
結婚直後	7.8%	25.6%	63.3%	17.2%	27.6%	50.0%
離死別 1 年前	10.1%	42.7%	43.8%	15.8%	54.4%	26.3%
離死別 1 年後	19.5%	64.4%	10.3%	14.0%	71.9%	12.3%
離死別 2 年後	16.3%	69.8%	8.1%	13.2%	73.6%	11.3%
離死別 3 年後	17.1%	73.2%	4.9%	11.8%	72.5%	13.7%

出典）2015 年 SSM 調査データより算出。20-79 歳女性。

死別者でも一七・二％である。離別者ではその分だけ無職が増えているが、死別者では非正規労働者も同時に増えている。結婚を機に、正規労働者からパート主婦に、または専業主婦に転身したようすが、くっきりとみてとれる。

離死別一年前をみると、離別者・死別者とも、結婚直後より非正規労働者が増え、その分だけ無職が減っている。離死別までの間に、専業主婦からパート主婦になったのである。とくに死別者では増え方が大きいのは、夫が病気などですでに収入を得ることができなくなっていたケースがあるからだろう。そして離死別後には、大きな転機が訪れる。無職は大幅に減って一割強程度となり、大部分の女性たちが生計を立てるため仕事に就いたことがわかる。離別者では正規労働者も数パーセントほど増えているが、大半は非正規労働者である。死別者には高齢者が多いためか、その後無職の比率は変化しないが、離別者では無職が減り続け、三年後にはわずか四・九％となる。多くの専業主婦が、離死別を機に非正規の仕事についてアンダークラスへと流入したこと、また多くのパート主婦が、離死別によってアンダークラスへと移行したことがよくわかる。

学校を卒業して社会に出た段階では、多くの女性たちが正規雇用の職をもっていた。ところが結婚すれば家に入るのが当然という通念に従って退職したことから、彼女たちは経済的自立の基盤を失った。もはや取り返しがつかないことだが、これが現在の彼女たちの窮状の、そもそもの背景なのである。

3　男性と違うさまざまな生い立ち

前章では、若年・中年アンダークラス男性には、生い立ちと学校での経験に特徴があることをみた。出身家庭は貧困で、家族関係に問題があったり、教育環境に恵まれないことが多く、学校での成績は振るわず、いじめに遭うことも多かったのである。それでは、アンダークラス女性はどうだろう。他の階級、そしてパート主婦、専業主婦と比較してみていくことにしよう（女性の資本家階級は人数が少ないので省略した）。

図表5－4と図表5－5は、前章の図表4－9および図表4－10と同じ内容の表を、女性について作成したものである。比較のため、若年・中年アンダークラス男性の数字を右端に示しておいた。

図表5－4をみると、アンダークラス女性の出身家庭は貧しかったわけではなく、貧しかったという人の比率は一〇・二％で、むしろ低いことがわかる。ちなみに豊かだったという人の比率は二七・三％で、平均より高い。家に本が一〇冊以下しかなかったという人の比率は二六・三％と多いが、アンダークラス男性（三七・一％）に比べればかなり少ない。学校外教育を受けたことのない人は三〇・八％でやや多い、両親が離婚したという人、親から暴力を振るわれたという人の比率も、低い部類である。アンダークラス男性との違いは、明らかだろう。アンダークラス女性は、アンダークラス男性のように、貧困な、あるいは家族関係に問題のある家庭に育った人が多いわけではない。むしろ普通の、あるいはやや恵まれた方の家庭に育った人が多いようである。

しかし図表5－5をみると、少し印象が変わってくる。成績が悪かったという人は、アンダークラス男性（四九・三％）ほどではないが、三一・五％とやや多くなっている。また学校でいじめにあったという人は三三・七％と多く、アンダークラス男性をも上回る。

図表 5-4　育った家庭の違い（女性・20–59 歳）

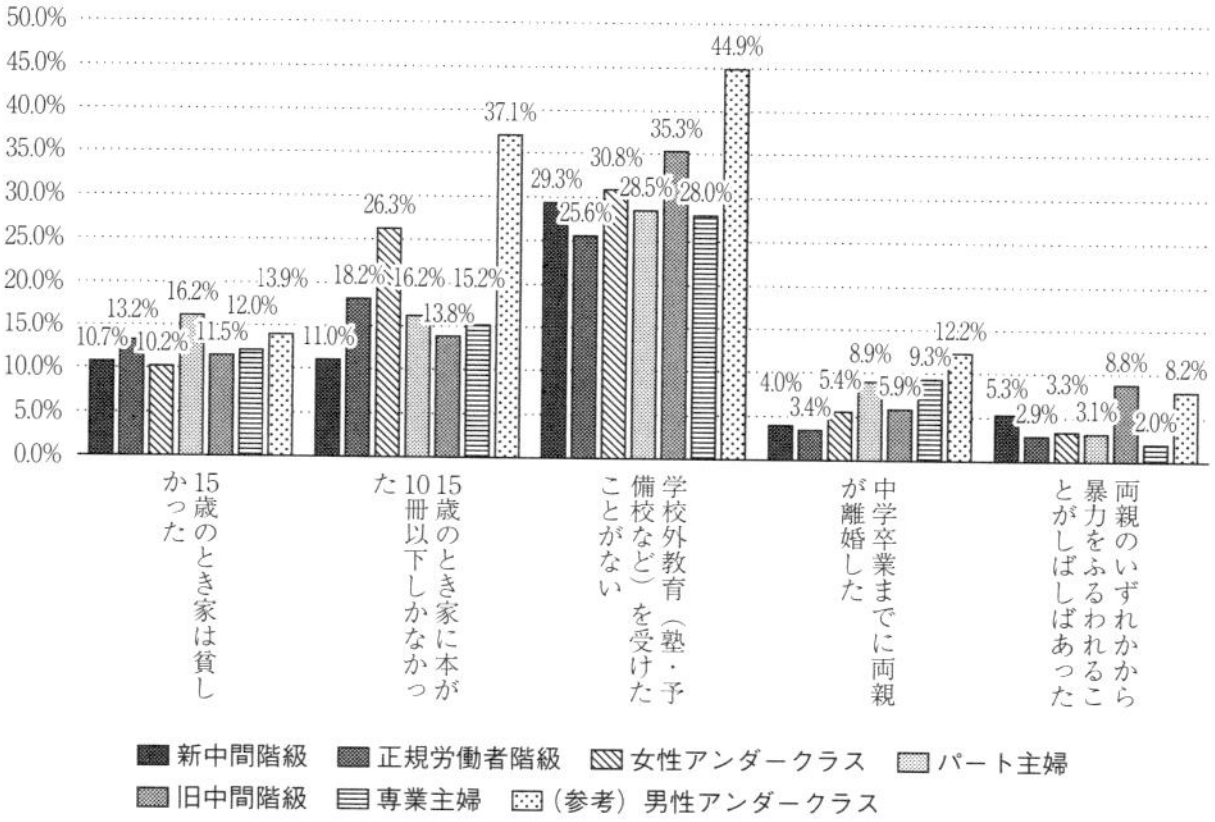

出典）2016 年首都圏調査データから算出。
注）「15 歳のとき家は貧しかった」は「貧しい」「やや貧しい」の合計。

図表 5-5　学校教育からの排除（女性・20–59 歳）

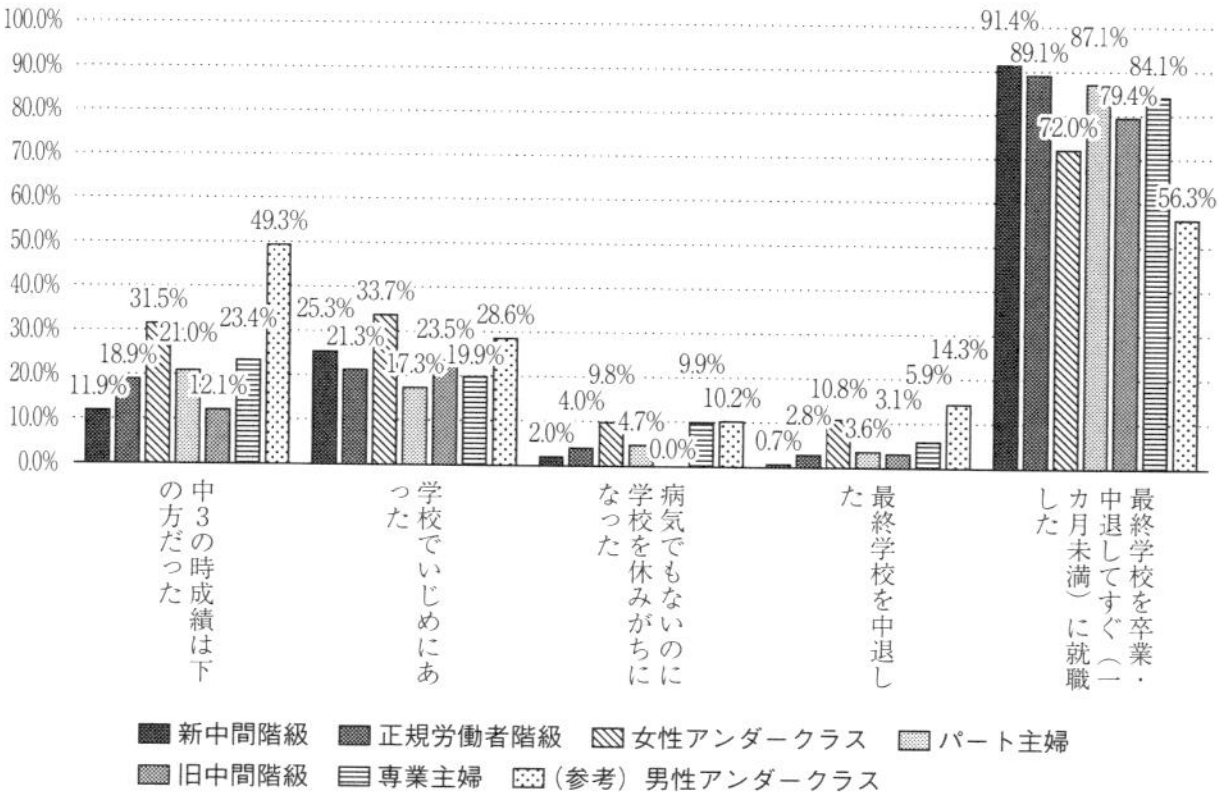

出典）2016 年首都圏調査データから算出。
注）「中 3 の時成績は下の方だった」は「下の方」「やや下の方」の合計。

調査結果によると、出身階級を問わず女性は男性に比べていじめにあった経験をもつ人の比率が高い傾向があるが、それを考慮しても、やはり高い。不登校の経験（「病気でもないのに学校を休みがちになった」）のある人も、九・八％と多い。最終学校を中退した人も一〇・八％で、アンダークラス男性ほどではないにしても高い。そして最終学校を出てすぐに就職した人は七二％で、他よりかなり低い。しかしアンダークラス男性の五六・三％に比べれば、一六％ほど高い。

先にみたアンダークラス女性の経歴と合わせて考えると、どうやらアンダークラス女性は、男性に比べると多様なルートでアンダークラスに流入するようである。

†転落の危険と隣り合わせの主婦

アンダークラス男性が生み出されるメカニズムは、ある意味わかりやすい。下層の家庭に育ち、学校教育から排除され、就職に失敗し、あるいは就職しても早期に退職を余儀なくされて、アンダークラスに流入するのである。

これに対してアンダークラス女性には、比較的恵まれた家庭に育った人が多い。しかし学校で成績が振るわなかったり、いじめにあったり登校拒否に陥ったりし、場合によっては学校を中退する。就職に失敗した人も多い。このあたりからは、アンダークラス男性と同じである。しかし、それだけではない。普通の家庭に育ち、普通に就職して、普通に結婚したものの、何かの事情で離婚したり、あるいは不運にも死別して、アンダークラスに流入する。男性の場合は、下層から下層へという「貧困連鎖」のメカニズムがかなりの程度に働いているが、女性は必ずしもそうではない。というのも、女性には男性とは異なり、いったん専業主婦やパート主婦を経験したあとで、離死別を経てアンダークラスに流入するというルートがあるからである。結婚して主婦となり、何不足なく順調に人生を歩んでいると思われた女性が、アンダークラスに転落する。主婦という地位は、常にそんな危険と隣り合わせなのである。

4　ソーシャル・キャピタルという希望

前章では、若年・中年アンダークラス男性が、精神的に危うい状態にあることをみた。それでは、アンダークラス女性はどうだろう。図表5－6は、女性の抑うつ傾向を、アンダークラスとその他階級で比較したものである。アンダークラス以外の働く女性たちの抑

図表 5-6　アンダークラスとその他の階級の抑うつ傾向
（女性・20-79 歳）

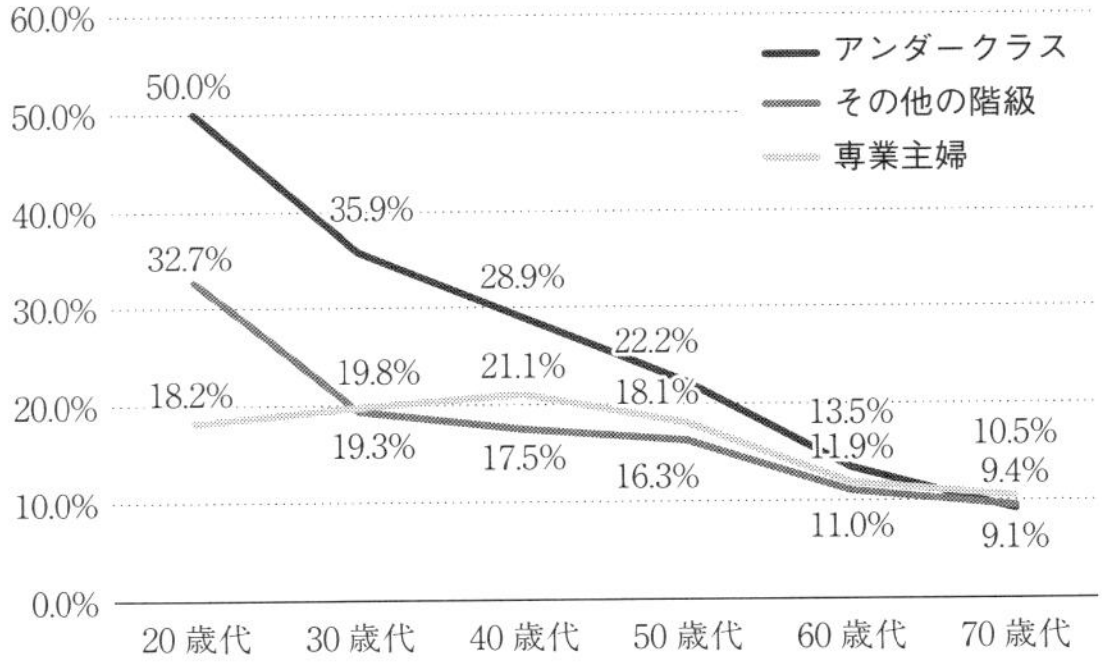

出典）2015 年 SSM 調査データから算出。
注）K6 得点が 9 点以上の比率。

うつ傾向には大差がないが、専業主婦だけはやや傾向が異なるので、同時に示しておいた。

若いアンダークラス女性の抑うつ傾向は、きわめて強い。二〇歳代では、Ｋ６得点が九点以上の人の比率が五〇%にも達しており、前章の図表4－5でみたアンダークラス男性をも大きく上回っている。他の階級は三二・七%で、低くはないがアンダークラスとは大きな差がある。これに対して専業主婦は一八・二%と低く、アンダークラスの三分の一、他の階級の半分程度にとどまっている。働く女性たち、とりわけアンダークラス女性は「お気楽専業主婦!」と憎まれ口のひとつも叩きたくなるだろう。

年齢とともに抑うつ傾向を示す人の比率は

低下していくが、アンダークラスは三〇歳代でも三五・九％、四〇歳代でも二八・九％と高い。若いアンダークラス女性は、アンダークラス男性と同様、精神的に危うい状態にあるようだ。

その他の階級も、年齢とともに低下していく。専業主婦だけは、もとが低かっただけに横ばいだが、五〇歳代からは低下に転じる。そして六〇歳代以降になると、ほぼ違いは消失する。少なくとも精神的には、等しく安らかな老後を送ることができているようだ。

図表5－7は、さらに健康に関するいくつかの項目について、階級・グループによる差をみたものである。うつ病など心の病気の診断・治療を受けたことのある人の比率は、アンダークラス女性がきわだって高く、アンダークラス男性とほぼ同じ一九・六％に達している。他の階級・グループの二倍から三倍で、とくに新中間階級やパート主婦とは大きな違いがある。健康状態がよいという人の比率は、アンダークラスだけが極端に低く、二九％にとどまっていて、アンダークラス男性をも下回る。表には示していないが、健康状態がよくないという人の比率は二四・七％で、突出して高かった（「ふつう」という回答は四六・二％）。

身体的な理由から仕事や生活に支障があったという人の比率も、七・五％と高く、他の

図表 5-7　健康状態と健康習慣（女性・20-59 歳）

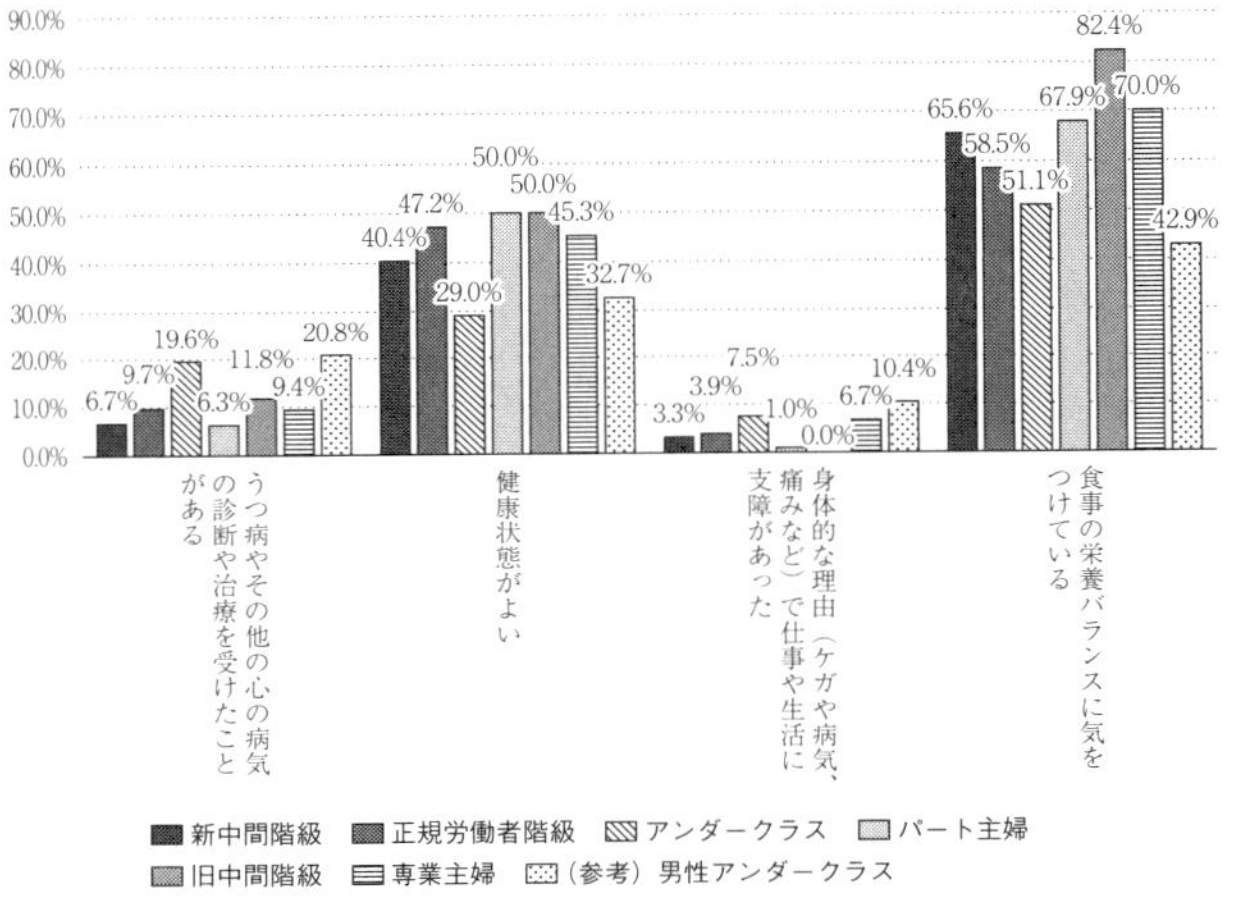

出典）2016 年首都圏調査データから算出。
注）「健康状態がよい」は「よい」「まあよい」の合計。「身体的な理由（ケガや病気、痛みなど）で仕事や生活に支障があった」は「いつも」「たいてい」の合計。「食事の栄養バランスに気をつけている」は「あてはまる」の比率。

階級を大きく上回り、アンダークラス男性に近い水準になっている（専業主婦も六・七%と高いが、理由はわからない）。食事の栄養バランスに気をつけているという女性の比率は全体に高いが、それでも階級・グループによる違いは大きい。もっとも高いのは旧中間階級で、八二・四%に達している。次いで専業主婦（七〇・〇%）とパート主婦（六七・九%）が高いが、アンダークラスは五一・一%と低く、他に大きな差をつけられている。経済的にも精神的にも、そんな余裕はないのだろう。アンダークラス男性よりはいくぶん高いが、子どもや親のために家事をすることの多い女性たちだから、この程度の差があるのは当然だろう。

なお前章の図表4－11では、定期的に運動しているという人の比率を示したが、女性ではこの比率が男性に比べておしなべて低く、階級による差もあまり大きくなかった。

以上のようにみてくるとアンダークラス女性は、アンダークラス男性と同じくらいに、精神的にも身体的にも問題を抱えており、厳しい状況にあることがわかる。しかし、救いもある。アンダークラス男性に比べると、ソーシャル・キャピタルに恵まれている人が多いのである。

†男性と異なり女性では友達・知人が多い

図表5－8は、日ごろから親しくし、信頼している家族・親族と友人・知人の数をみたものである。アンダークラス女性はすべて無配偶者だから、さすがに信頼できる家族・親族の数は少なく、アンダークラス男性とほぼ同じである。しかし友人・知人の数は六人で、他の階級やパート主婦・専業主婦よりは少ないものの、それほど大きく違うわけではない。アンダークラス男性の友人・知人はわずか三・二人だから、違いは明らかである。また信

図表 5-8　階級別にみた信頼できる家族・親族と友人・知人の数（女性・20-59 歳）

	家族・親族	友人・知人
新中間階級	7.2	9.0
正規労働者	6.2	7.9
アンダークラス	4.7	6.0
パート主婦	8.2	9.7
旧中間階級	7.8	7.1
専業主婦	8.1	8.9
（参考）男性アンダークラス	4.9	3.2

出典）2016 年首都圏調査データより算出。

頼できる友人・知人が一人もいない人の比率は、アンダークラス男性では二八・六%にも上っているが、女性は一二・九%にとどまる。同様に信頼できる友人・知人が二人以下という人の比率は、アンダークラス男性では五五・一%と過半数を占めるが、アンダークラス女性では三一・二%にとどまる。アンダークラス女性は、経済的に、また健康面でも苦しい状況にありながらも、女どうしのネットワークには、ある程度まで恵まれているようである。

5　日常生活の中のささやかな喜び

それではアンダークラス女性は、どのような日常生活を送っているのだろうか。余暇活動四項目と、消費行動四項目について、アンダークラス、その他の階級、専業主婦を比較したのが、図表5-9である。

図表 5-9　余暇活動と消費生活（女性・20-59 歳）

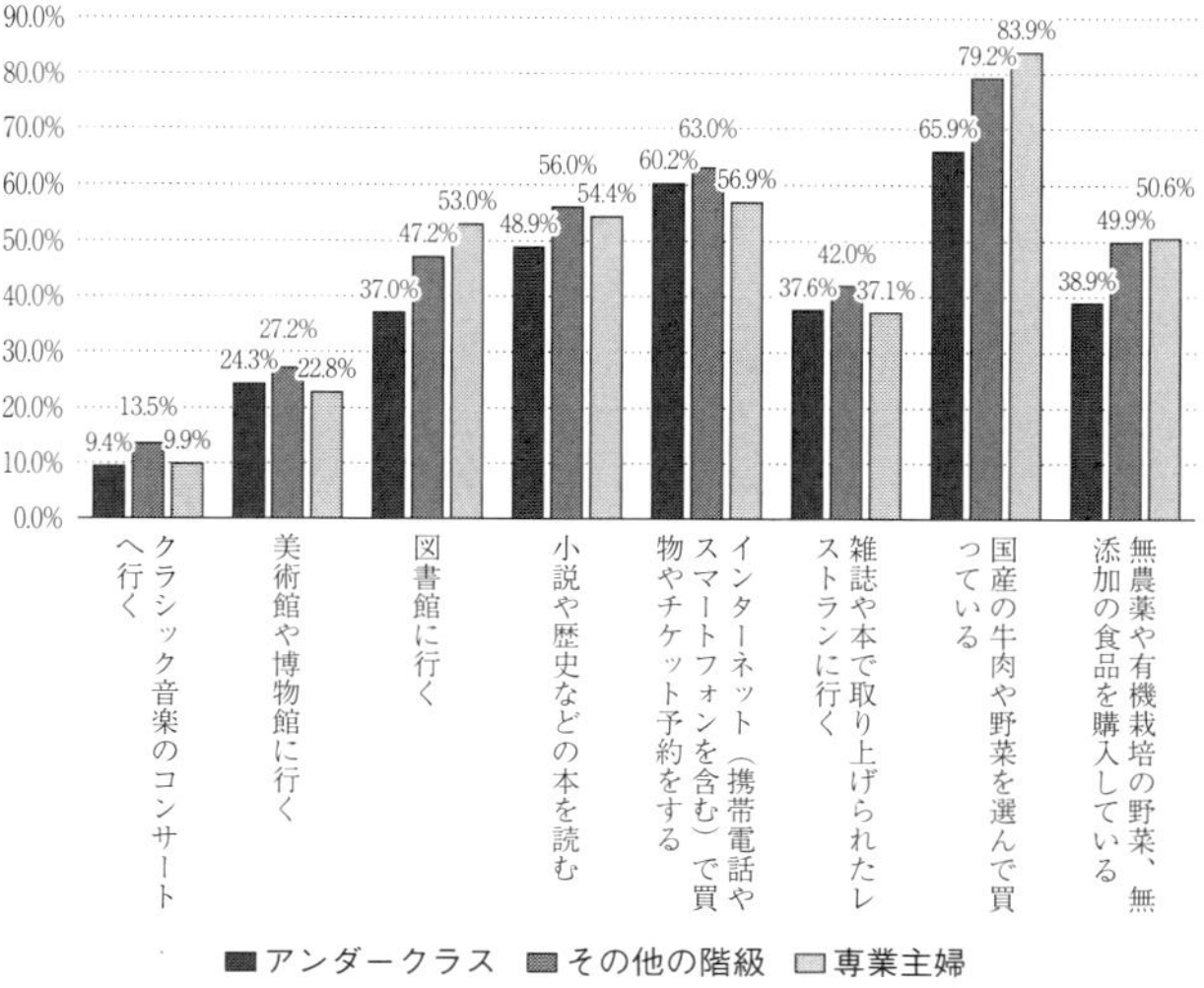

出典）2016 年首都圏調査データから算出。
注）「クラシック音楽のコンサートへ行く」「美術館や博物館に行く」「図書館に行く」「小説や歴史などの本を読む」は年に 1 回から数回以上の比率。他は「よくする」「たまにする」の合計。

いくつかの項目では、予想されるとおりアンダークラスの余暇活動と消費行動は低調である。図書館へ行く人の比率は三七％で、その他の階級より一〇％、専業主婦より一六％低い。また国産の牛肉や野菜を選んで買う人の比率は六五・九％、無農薬・有機栽培の野菜や無添加の食品を選んで買うという人は三八・九％で、その他の階級と専業主婦に比べて十数パーセント低い。

しかし全体としてみると、意外に差が小さいといっていいのではないだろうか。クラシックのコンサートへ行く人（九・四％）、美術館や博物館に行く人（二四・三％）、雑誌や本で取り上げられたレストランに行く人（三七・六％）の比率などは専業主婦並みに高いし、インターネットで買物やチケット予約をする人の比率（六〇・二％）は、専業主婦を上回っている。もちろん経済力がないだけに、購入単価は低いのかもしれないし、インターネットの利用に関しては、時間がないから利用しているという側面があるのかもしれない。それでもアンダークラス女性の余暇活動と消費行動は、思った以上に活発だといってよさそうだ。表には示さなかったが、若年・中年アンダークラス男性では、クラシックのコンサートへ行く人が四％、美術館や博物館に行く人が一〇・七％、図書館に行く人が二八％など、余暇活動がきわめて不活発であり、またインターネットで買物やチケット予約をする人も四五・六％にとどまるなど、消費行動も低調だった。これに比べれば、アンダークラス女性は意外に充実した余暇活動と消費生活を送っているといえそうだ。

†生活の中で工夫する

少し前、大手スーパーの本社で行われた研修会に呼ばれ、現代日本の格差と消費活動について講演し、社員たちの討論に参加したことがある。その際、アンダークラスをはじめとする貧困層について、クレジットカードを使わないとか、国産牛肉や有機野菜、無添加の食品を買わないといった側面を強調したのだが、討論ではこの点が焦点になった。社員たちの間で意見が割れたのは、貧困な十数パーセントの人々をターゲットに含めるか含めないかという問題だった。含めるか否かで、店頭に置く商品の構成が大きく変わってくるからである。

そこで私はこんな話をした。東京都内でも貧困層の多い地域である足立区の、工場跡地に作られた大規模マンションのショッピングセンターに、このスーパーの店舗がある。マンション自体は中高所得層向けの住宅だが、周辺は貧困層の多い地域である。スーパーの食品売り場をのぞいてみると、ほかではみたことがないくらい品揃えの幅が広く、たとえば牛肉は、一〇〇グラム九五円の輸入肉から、一二八〇円の松阪牛までが揃っていた。そのことによってこのスーパーは周辺住民を含む幅広い客層をつかんでいる。周辺の低所得層を切り捨てるようなことがあれば、そのスーパーは地域社会に分断をもたらすことになり、ビジネスとしても、また地域社会にとってもマイナスになるではないか、と。

しかし買物主体の中心である女性たちに関していえば、このような心配は、それほど必要ないのかもしれない。男性貧困層とは異なり、少ない収入の範囲で可能な限り楽しい生活ができるよう、工夫しているようにも見受けられるからである。経済的に苦しく、肉体的にも精神的にも追い詰められることも多い彼女たちだが、少しだけ救われるような気にもなってくる。

6　女性たちは格差をどう考えているか

それでは女性たちは、格差や貧困の現状について、どう考えているのだろうか。図表5－10は、前章の図表4－15と同じ設問に対する女性の回答をみたものである。

男性との違いは、明らかである。図表4－15によると、いまの日本では格差が大きすぎ

図表 5-10　格差と格差解消についての考え方（女性・20-59 歳）

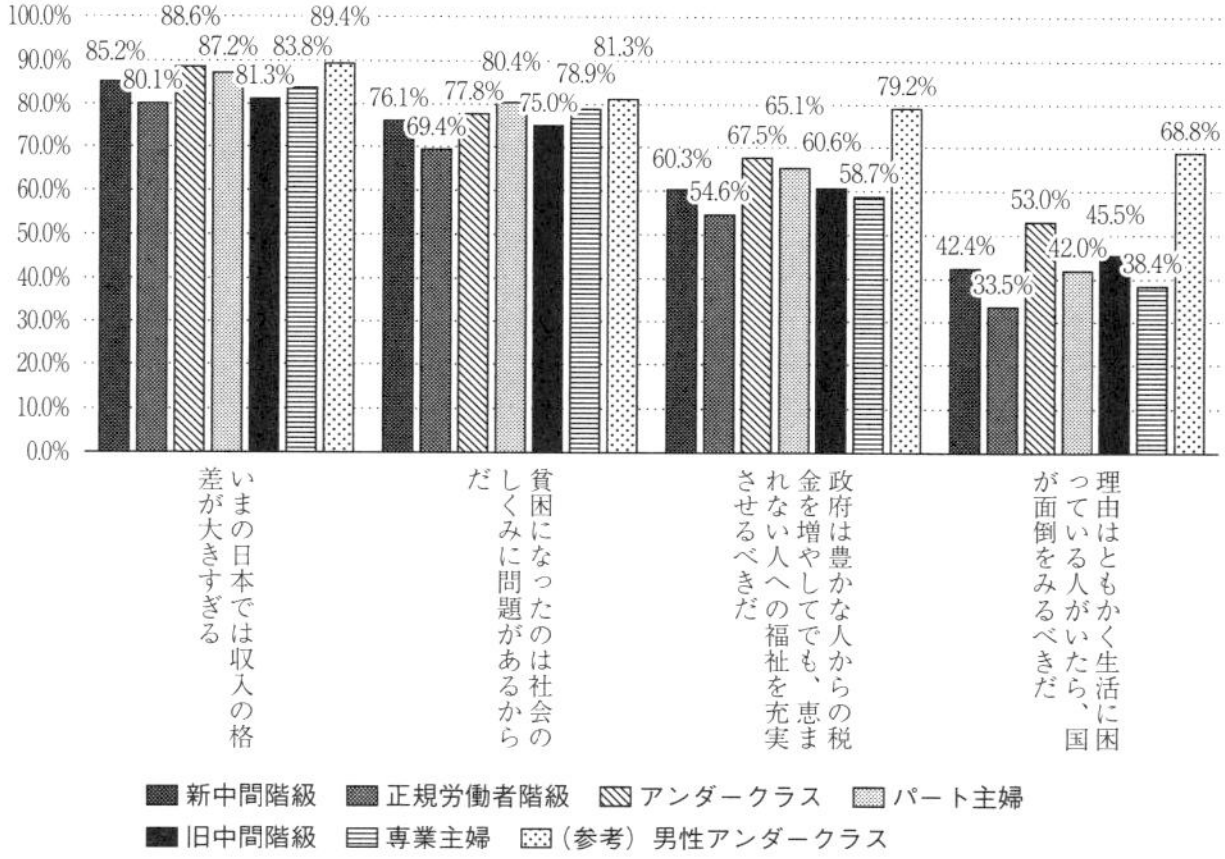

出典）2016 年首都圏調査データから算出。
注）いずれも「とてもそう思う」「ややそう思う」の合計。

ると考える男性は、アンダークラスでは九割近くにも達するのに対し、資本家階級や新中間階級では六〇％台に過ぎず、旧中間階級で七割程度、正規労働者でも八割弱にとどまっていた。ところが女性たちは、どの階級でも、またパート主婦や専業主婦でも八割を超えていて、アンダークラスだけではなくパート主婦でも、九割近くに達している。男性とは違って女性たちの間では、格差が大きすぎるという認識が広く定着しているようだ。貧困は自己責任ではなく社会のしくみの問題だと考える点でも、女性たちの認識は男性と違っている。このように考える男性は、アンダークラスでは八割を超えるのに対し、資本家階級では五割台、新中間階級と正規労働者でも六割台にとどまっていたのだが、女性たちは階級を問わず七割から八割までが、貧困は自己責任ではないと考えている。とくにアンダークラスとともにパート主婦と専業主婦の八割前後までが自己責任論を拒否し、アンダークラス男性と足並みを揃えているのが注目される。

ただし豊かな人々から貧しい人々へ所得を再分配することの是非になると、女性たちはアンダークラス男性ほど明確ではない。豊かな人々から貧しい人々への所得再分配を支持する人の比率は、アンダークラス男性では七九・二％にも達しているのに、アンダークラス女性では六七・五％にとどまり、パート主婦でも六五・一％、専業主婦では五八・七％に過ぎない。「理由はともかく生活に困っている人がいたら、国が面倒をみるべきだ」に対しては、アンダークラス男性の六八・八％が支持するのに対して、アンダークラス女性は五三・〇％、パート主婦は四二・〇％、専業主婦は三八・四％が支持するに過ぎないのである。長きにわたって政治の世界から排除され、脇役扱いされてきた日本の女性たちは、政治に対して何かを強く要求することに躊躇するのだろうか。

とはいえ多くの男性たちよりは、所得再分配を支持する女性の比率が高いことにかわりはない。所得再分配によって格差を縮小し、貧困を解消していくためには、彼女たちの支持が不可欠である。

第六章 「下流老人」が増えていく

本章では、高齢のアンダークラスであるという点は共通だが、性質の異なる三つのグループについて考えていく。それは、第一に長年にわたって一定以上の規模の職場で正規雇用者として働いたのち、定年などで退職してから非正規労働者になったアンダークラス男性（これを「定年後アンダークラス」と呼ぼう）、第二に長年にわたって自営業者や小零細企業労働者として、あるいは非正規労働者として働き続けてきた、その他のアンダークラス男性、そしてアンダークラス女性である。

1 職歴と定年後の生活

高齢アンダークラス男性は、どのような職業経歴をたどり、どのようにしてアンダーク

図表6-1　高齢男性アンダークラスの職歴

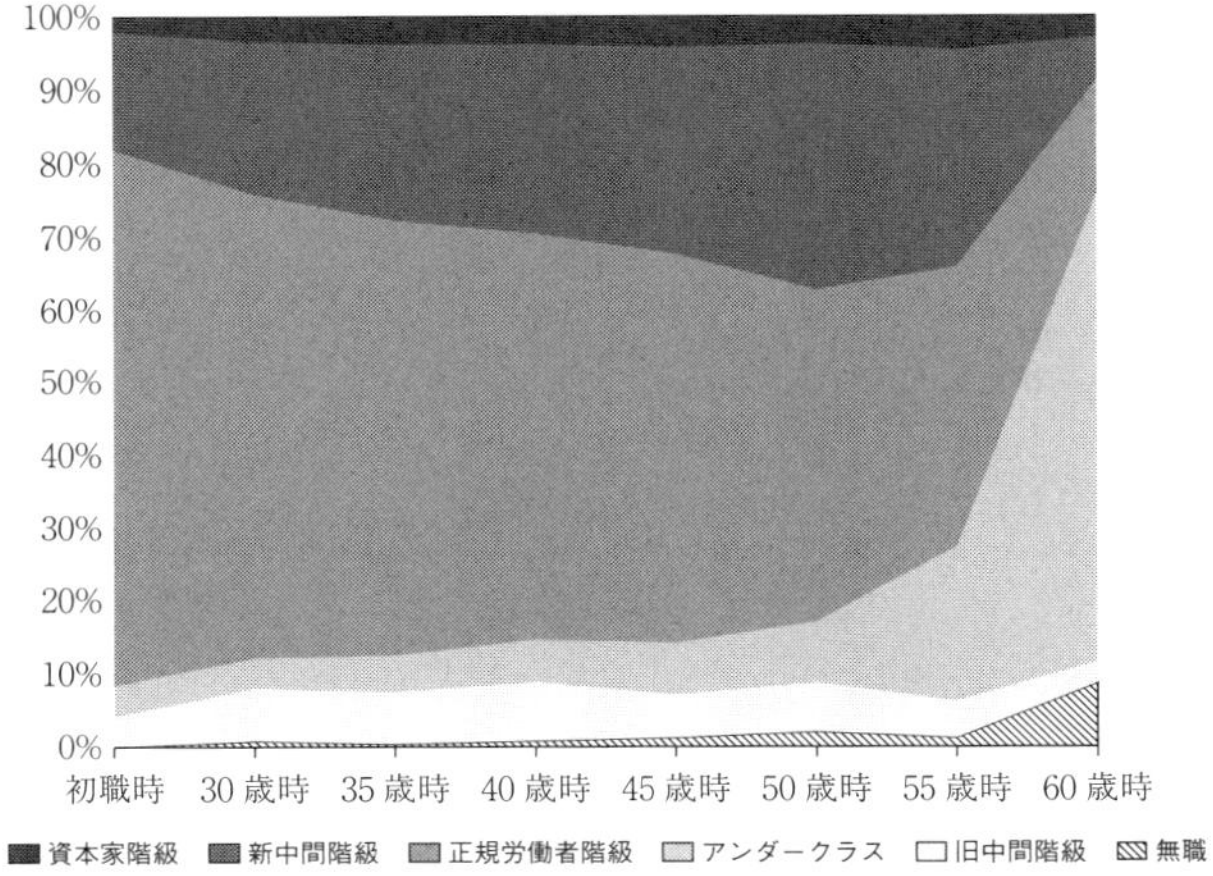

出典）2015年SSM調査データより算出。

ラスにたどり着いたのだろうか。これを明らかにするため、初職時、三〇歳時、以後は五年ごとに六〇歳時までのそれぞれについて、所属階級をみたのが図表6－1である。グラフには数字を示していないので、数字を補いながらみていきたい。

高齢アンダークラス男性のうち、初職時点ですでにアンダークラスだった人は四・二%に過ぎない。現在の高齢者が就職した当時は、新規学卒労働市場のようすが現在とはまったく異なり、学校を出て就職した若者はほぼすべて正社員だったから、当然だろう。もっとも多いのは正規労働者で、七三・五

％。新中間階級は一六％と少なく、資本家階級と旧中間階級がそれぞれ二・一％、四・二％である。

新中間階級の比率は、正規労働者の一部が管理職に昇進することなどによって次第に増加し、五〇歳時には三三・三％に達する。これに対してアンダークラスの比率は年齢とともに少しずつ増加するものの、五〇歳時点でも八・三％に過ぎない。ところが五五歳時になると二一・二％と大きく増加し、六〇歳時には六四・五％に達している。つまり現在の高齢アンダークラス男性の大部分は、五〇歳代以降にアンダークラスへと移動しているのである。第四章でみたように、若年・中年アンダークラス男性は四三・四％までが初職時点からアンダークラスで、最初は正規雇用だった人にも、短期間で勤めを辞めてアンダークラスになった人が多かった。ずいぶんな違いである。

さて、これら高齢アンダークラス男性から、「定年後アンダークラス」を抜き出したいのだが、個人の経歴はあまりにも多様だから、一義的な方法はない。便宜的な方法だが、第三章の最後で述べたように、初職時点での勤務先の規模が、現在の貧困率と密接に関係していることに注目して、初職時点で一〇〇人以上の企業または官公庁に勤務していた人（ただし初職時点でアンダークラスだった人は除く）を「定年後アンダークラス」、それ以外の人々を「その他の高齢アンダークラス男性」として区別することにしよう。それぞれの特徴は、図表6-2のとおりである。比較のため、同じく六〇歳以上の男性で、無職の人々の特徴も示しておいた。

†定年後無職は働かなくても十分な資産があるから

三つのグループの間の違いは、たいへん鮮やかである。まずは、比較対象となる無職の人々の特徴を押さえておこう。

高等教育を受けた人の比率は二六・四%で、この年齢層としては平均的である。中卒者は二六%で、やや多い。初職は正規の被雇用者が九割近くを占め、新中間階級が二五・二%、正規労働者が六二・六%だった。定年前の五〇歳時点をみると、初職時点と比べて正規労働者が二五%近く減り、新中間階級が約一五%、資本家階級と旧中間階級が合わせて約八%増えている。昇進を通じて正規労働者から新中間階級に移動した人、独立して経営者や自営業者になった人などが、かなりいることがわかる。しかしこれまでに勤めた勤続先の数をみると、七二・五%までが三カ所以内だから、いろいろと回り道をした人が多いというわけではない。ひとつの職場に長く勤務するにせよ、独立するにせよ、順調にキャ

図表 6-2　定年後アンダークラスとその他の高齢アンダークラス（男性・60 歳以上）

	定年後アンダークラス	その他の高齢アンダークラス男性	無職
人数（2015 年 SSM 調査における回答者数）	145 人	87 人	752 人
最終学歴が大学	26.9%	14.9%	26.4%
最終学歴が中学校	9.7%	41.4%	26.0%
初職時点の所属階級			
資本家階級	0.0%	5.7%	1.5%
新中間階級	22.1%	6.9%	25.2%
正規労働者	77.9%	65.5%	62.6%
アンダークラス	0.0%	10.3%	4.8%
旧中間階級	0.0%	11.5%	5.9%
50 歳時点の所属階級			
資本家階級	2.1%	6.9%	6.4%
新中間階級	42.7%	20.7%	40.8%
正規労働者	42.7%	50.6%	38.1%
アンダークラス	6.3%	10.3%	3.1%
旧中間階級	4.9%	9.2%	9.2%
無職	1.4%	2.3%	2.4%
これまでの勤続先が 3 カ所以内	61.4%	36.8%	72.5%
年金受給率	76.9%	80.0%	89.5%
個人年収（万円）	329	240	263
うち年金収入（万円）	124	96	209
世帯年収（万円）	492	397	409
金融資産総額（万円）	948	618	1742
1 カ月あたり生活費（万円）	20.8	19.2	20.9
貧困率	11.8%	27.9%	27.4%

出典）2015 年 SSM 調査データより算出。
注）年金収入は年金を受給していない人も含めた平均値。

リアを積んできた人が多いようだ。

八九・五%が年金を受給しており、二六三万円ある個人年収のうち、ほぼ八割にあたる二〇九万円が年金収入である。多いともいえないが、基礎年金の三倍近く、月額約一七・四万円だから、老後の生活の基本を支えるものとしては、まあまあの金額だろう。さらに重要な特徴は、多額の金融資産(預貯金や株式など)を所有していることで、平均額は一七四二万円に上っている。年金収入とともに、このように老後の蓄えを確保していることが、彼らを非正規の職を求める必要から遠ざけているようだ。世帯収入をもとに算出した貧困率は二七・四%と低くはないが、実際には預貯金からの取り崩しがあるはずだから、貧困状態にある人は多くないだろう。

さて、定年後アンダークラスはどうか。高等教育を受けた人の比率は二六・九%で、無職とほぼ同じだが、中卒者が九・七%と少ないので、教育水準はやや上とみることができる。初職時点では全員、五〇歳時でも八五・四%が正規の被雇用者である。初職時と五〇歳時を比べると、正規労働者が約三五%減り、新中間階級が約二〇%増えている。資本家階級や旧中間階級として独立した人は約七%である。これらの数字は、無職の人々とよく似ている。これまでの勤務先が三カ所以内の人は六一・四%とやや少ないが、定年前の勤務先に、現在の非正規労働者としての勤続先が加わっている場合が多いはずなので、実質的には無職の人と大差ないだろう。

このように、一見したところでは順調なキャリアを築いてきたようにみえる彼らだが、実は老後生活の経済的基盤はきわめて脆弱である。というのは、年金収入が一二四万円と、無職の人の六割に満たないからである。年金受給者の比率が七六・九％とやや低いことを勘案しても、ずいぶん低い。念のため年金受給者だけを取りだして年金収入の平均を計算すると、無職は二三四万円、定年後アンダークラスは一六一万円で、やはり七三万円もの差があった。そして金融資産の平均額は九四八万円で、無職の人々より八〇〇万円近くも少なく、老後の蓄えとしては心細い金額にとどまっている。彼らが非正規労働者として働く主要な理由は、年金収入だけでは生活できず、かといって取り崩しても安心していられるほどの蓄えがないことにあるようだ。一カ月あたりの生活費は、無職の人々とほぼ同じ二〇・八万円だが、その生活水準は、非正規の職で収入を得ることによって可能になっているのである。

ただし、その他の高齢アンダークラス男性の経済的基盤は、さらに脆弱である。これについては、次節でみることにしよう。

†定年後に慣れない仕事についている

定年後アンダークラスは、どのような仕事をしているのか。彼らの職種は五〇歳時点の所属階級によって異なり、事務職の比率は新中間階級だった人では四七・五％と多いが、その他の人では七・三％と少ない。しかし新中間階級だった人でも、マニュアル職が二九・五％、保安職が一三・一％など多様で、定年後になって慣れない仕事をしているようすがうかがえる。新中間階級以外の人では、マニュアル職が六九・五％と多い。事務職以外の人で仕事の内容が判明した一一〇人の具体的な仕事の内容をみると、「自動車運転手」（一二人）、「看守、守衛、監視員」（一一人）、「その他の労務作業者」（九人）、「清掃員」（八人）、「販売店員」（六人）、「下宿・アパートの管理人、舎監、寮母」「その他のサービス職業従事者」「一般機械組立工・修理工」「倉庫夫、仲仕」「運搬労務者」（各三人）などとなっている。たしかに、町を歩いていて高齢男性を見かけることの多い職種が、いくつも含まれているのがわかる。

このように生活するための必要から、あえて定年後に非正規の職に就いている彼らだが、生活満足度がけっして低くないということは、付言しておく必要があるだろう。生活に満足していると答えた人の比率は七〇・三％で、同じ年齢層の資本家階級（八九・四％）や新中間階級（八九・五％）には遠く及ばないが、正規労働者（六二・一％）より高く、無職（七〇・一％）とほぼ同じである。世帯収入が四九二万円と、まあまあ多く、貧困率が一一・八％と低いことがひとつの理由だろう。生活基盤は脆弱でありながら、適度な労働時間で得ることのできるささやかな豊かさが、それなりに満足できる生活を可能にしているようである。

2　中年アンダークラスの将来の姿

定年後アンダークラス以上に経済的基盤が脆弱なのが、その他の高齢アンダークラス男性である。図表6-2をもう一度みてみよう。高等教育を受けたことのある人の比率は、わずか一四・九％である。そして中卒者が四一・四％にも上っており、教育水準は明らかに低い。初職からアンダークラスだった人は一〇・三％と少なく、この比率は五〇歳時点でも同じだから、キャリアの途中でアンダークラスに転落した人が多いというわけでもない。しかし初職時点の新中間階級比率は六・九％と低く、五〇歳時でも二〇・七％にとどまっている。さらに定年後アンダークラスや無職の人々と比べると、これまでの勤務先が三カ所以内の人の比率が三六・八％と大幅に低く、転職回数の多い人の比率が高い。小零細企業などを転々とした経験をもつ人が、かなりの比率を占めるのである。このような意味で彼らは、無職の人々や定年後アンダークラスに比べて、階層的には下位に位置しているといえる。

五〇歳時点で資本家階級だった人が六・九％、旧中間階級だった人が九・二％、合わせて一六・一％に上っている。独立自営の職に就いていたはずの彼らは、なぜアンダークラスに転落したのか。離職理由を確認すると、実はこれらの人々の六割以上が、五〇歳時点での職を「倒産・廃業・人員整理」または「年齢のため」という理由で辞めている。自分の営む会社や店舗などを続けることができずに、アンダークラスに転落したということがわかる。

こんな人々だから、年金収入は少ない。平均額はわずか九六万円で、年金を受給している人だけに限っても一二〇万円だから、老後の生活を支えるにはほど遠い。しかも金融資産の平均額はわずか六一八万円で、無職の人々の三分の一程度にとどまっており、預貯金の取り崩しに頼ることができるような状態にはない。やむにやまれず非正規の職に就いたというのが現実のようである。しかし老後の生活の基礎となるべき年金収入がこの金額だから、非正規労働による収入を得た上でも世帯収入は無職の人々より低く、貧困率は二七・九％と高い。そして一カ月あたりの生活費は一九・二万円で、無職の人々や定年後アンダークラスを二万円近く下回っている。住居形態にも特徴があり、持ち家に住んでいる人の比率が七三・三％と少なく（無職八七・四％、定年後アンダークラス八五・五％）、一五・一％が借家や民間の賃貸アパートに、一一・六％が公営賃貸住宅に住んでいる。

現在の職種は、マニュアル職が六二・一％と多く、農林漁業が一〇・三％、事務職と販売職が八％などとなっている。現在の職種が判明した八七人について、具体的な仕事の内容をみると、「自動車運転手」（九人）、「その他の労務作業者」（八人）、「清掃員」（七人）、「販売店員」（六人）、「運搬労務者」（六人）、「総務・企画事務員」「看守、守衛、監視員」「植木職、造園師」「土工、道路工夫」（各四人）などとなっている。事務職以外の職種は定年後アンダークラスと共通点があるものの、「その他の労務作業者」「運搬労務者」「土工、道路工夫」といった、伝統的に日雇労働者によって担われることの多かった下層性の強い職種が多いようだ。

†若年・中年アンダークラスの将来の生活の上限

これら高齢アンダークラス男性の現状は、現在の若年・中年アンダークラス男性が将来どのような生活を送ることになるのかについて、示唆するところが多い。年金収入は九六万円だから、基礎年金を満額受け取った場合に比べて二〇万円ほど多いだけである。金融資産も少なく、切り詰めた生活をしている。しかし逆からみれば、基礎年金すら受け取ることができるかどうかわからない現在の若年・中年アンダークラスに比べれば、わずかとはいえ恵まれているのだろう。その意味でこれらの高齢アンダークラスは、若年・中年アンダークラスの将来の生活の、いわば「上限」を示しているとみていいだろう。

このように定年後アンダークラスと比べても、さらに下層性の強い彼らだが、意外なことに生活満足度はけっして低くない。生活に満足していると答えた人の比率は七五・九%と、定年後アンダークラスよりわずかながら高く、正規労働者（六二・一%）や無職（七〇・一%）をも上回っている。仕事の内容や仕事による収入への満足度をみても、五九歳以下アンダークラス男性に比べて満足している人の比率が高いのはもちろんのこと、正規労働者や定年後アンダークラスと比べても遜色がない。

長きにわたって、正規雇用とはいえ主に下層労働者として働いてきた彼らは、すでに下層としての自分の位置を受容し、これに適応しきっているのかもしれない。ガルブレイスが指摘していたように、私たちの快適な仕事空間や生活空間はアンダークラスの労働によって支えられているのだが、そのかなりの部分がこうした高齢アンダークラスなのである。だとすれば私たちの仕事と生活は、下層としての労働と生活をいとわない彼らの献身によって支えられているともいえるのではないだろうか。

定年後アンダークラス男性と、その他高齢アンダークラス男性の違いは無視できないが、年金、預貯金ともに少ないため、老後も非正規の仕事を続けざるをえないという点は同じである。NPOを拠点にソーシャルワーカーとして活動する藤田孝典は、「生活保護基準相当で暮らす高齢者およびその恐れがある高齢者」を「下流老人」と呼び、その数は推定で六〇〇―七〇〇万人に上ると指摘している。そしてこれらの高齢者は、年金受給額の減少、介護保険料の増加、生活費の高騰のため、生きるために働き続けなければならない状況に置かれており、このように日本は「死ぬまで働き続けなければ生きられない社会」になりつつあるのではないか、という(『下流老人』『続・下流老人』)。これら高齢アンダークラス男性は、こうした日本の現状を象徴する存在だということができる。

3　高齢アンダークラス女性

高齢アンダークラス女性の家族構成と家計、そして職歴については、第五章で簡単に触れた。要点だけ再確認しておこう。約半数がひとり暮しで、約四割は子どもと同居している。ひとり暮しの場合と子どもと同居している場合とでは、家計のようすがまったく異なる。ひとり暮しの場合、平均九一万円の年金に、非正規労働による収入を加えた平均個人収入は二〇一万円だが、貧困率は三〇・三％にも上っている。これに対して子どもと同居している場合は、七八万円の年金収入を含めた平均個人収入は一八二万円だが、同居する子どもなどの収入を含めた世帯収入は五九二万円に上り、貧困率は〇％である。子どもと同居するアンダークラス女性のなかには、「逆パラサイト・シングル」とでもいうべき女性たちが含まれているのかもしれない。

とはいえ、高齢にもかかわらず非正規で働いているからには、何か事情があるのかもしれない。もう少し詳しくみていこう。高齢アンダークラス男性については、無職の人々を比較対象としたが、アンダークラス女性では無職女性を、専業主婦（有配偶の無職女性）

図表6-3　女性高齢アンダークラスの特徴（女性・60歳以上）

	女性高齢アンダークラス	専業主婦	その他無職
高等教育を受けた人の比率	7.7%	15.6%	9.3%
最終学歴が中学校	37.2%	27.6%	39.1%
年金受給率	85.3%	83.9%	93.3%
個人年収（万円）	193	96	157
うち年金収入（万円）	81	76	131
世帯年収（万円）	312	458	247
金融資産総額（万円）	501	1832	1056
1カ月あたり生活費（万円）	16.1	21.1	14.9
貧困率	24.0%	24.3%	43.1%

出典）2015年SSM調査データより算出。
注）年金収入は年金を受給していない人も含めた平均値。

と、その他の無職（無配偶者の無職女性）に分けるべきだろう。これらの三者を比較したのが、図表6－3である。

高齢アンダークラス女性では、高等教育を受けたことのある人の比率が七・七％と低く、専業主婦（一五・六％）を大幅に下回っており、中卒者が三七・二％と多い。その他の無職女性とはほぼ同じである。

八五・三％が年金を受給しているが、その平均額はわずか八一万円で、年金を受給している人だけで計算しても九五万円に過ぎない。これではとても、生活していくことはできないだろう。これに対して無職女性は、九三・三％が年金を受給していて、その平均額は一三一万円、受給者だけで計算すれば一四一万円である。年金の額の違いが、高齢になっても非正規として働き続けるか否かを決定づけているようである。しかも世帯の金融資産総額をみると、専業主婦は一八三二万円に上っており、無職女性も一〇五六万円であるのに対して、高齢アンダークラス女性はわずか五〇一万円である。年金が少額であることとともに、取り崩して家計の足しにするだけの蓄えがないことが、非正規労働者として働く背景にあるらしい。こうした事情は、高齢アンダークラス男性の場合と同じである。しかし、非正規労働による収入があるとはいえ、家計は楽ではないようで、一カ月あたりの生活費は一六・一万円で、無職女性を一万円ほど上回っているとはいえ、専業主婦に比べると五万円も少ない。

†同居とひとり暮しとの違い

それでは、子どもと同居している人とひとり暮しの人とでは、どの程度まで事情が異なるだろうか。これを比較したのが、図表6-4である（一部の数字は図表5-1から再掲）。比較のため、無職女性の数字も示しておいた。

ひとり暮しの高齢アンダークラス女性の生活は、実に慎ましい。一カ月あたりの生活費はわずか一一・五万円である。一二カ月分にすれば一三八万円で、総収入を大幅に下回る。設問では「特別の支出は除いて」という注釈付きで尋ねているので、年間一三八万円だけ

図表6-4　女性高齢アンダークラス：ひとり暮しと子ども同居（女性・60歳以上）

	アンダークラス		無職	
	ひとり暮し	子どもと同居	ひとり暮し	子どもと同居
個人年収（万円）	201	182	173	142
うち年金収入（万円）	91	78	138	127
世帯年収（万円）	205	592	179	403
金融資産総額（万円）	403	584	1351	770
1カ月あたり生活費（万円）	11.5	22.0	12.3	17.5
貧困率	30.3%	0.0%	49.0%	29.3%

出典）2015年SSM調査データより算出。
注）年金収入は年金を受給していない人も含めた平均値。

で済んでいるわけではないだろうが、預貯金を取り崩さないように生活しているようすがうかがえる。

子どもと同居している人では、どうか。世帯収入は五九二万円で、一見すると多いようにも思えるが、これは年金と非正規労働から収入を得ている母親の収入を含めた額だから、これを差し引くと四一〇万円である。けっして多いとはいえない。金融資産は五八四万円だから、少ないといっていい。母親には亡き夫などから引き継いだ蓄えが多少はあるだろうから、子ども本人の金融資産はごくわずかなのだろう。これで一カ月あたりの生活費に二二万円をかけているわけだから、生活はけっして楽ではないはずだ。さらに孫の教育費がかかるようになると、家計はさらに苦しくなる。だから子どもと同居する高齢アンダークラス女性の多くは、子どもの家計が苦しいことを理解した上で働きに出ているのではないか。この点を確かめるため、本人、つまりこの場合は母親たちの家計貢献度をみたところ、家計貢献度が二五％未満で、子どもにパラサイトしている可能性がある母親は二三・一％に過ぎず、三〇・八％は家計貢献度が五〇％以上だった。今回の調査では子どもの就業状態については尋ねていないので実態は不明だが、おそらくは失業者あるいはアンダークラスの子どもを、母親が非正規労働による収入で支えているケースが、かなり含まれるのではないか。

無職女性と比較してみよう。一見して豊かだとわかるのは、ひとり暮しの無職女性である。年金収入が一三八万円あり、これを含めた個人年収は一七三万円である。そして金融資産の総額が一三五一万円にも上っている。だからこそ彼女たちは、子どもに頼ることなくひとりで暮らしているのだろう。貧困率は四九％と高いが、これは預貯金の取り崩しを含まない収入から計算したものだから、実際にはそれほど困窮している人は多くないだろう。一カ月あたりの生活費が、ひとり暮しアンダークラスより八〇〇〇円ほど多いことからも、そのことはうかがえる。

これに対して子どもと同居している無職女性は、経済的にかなり苦しいように見受けられる。年金収入は一二七万円とかなり多く、これを含めた個人収入が一四二万円あるが、世帯収入はわずか四〇三万円である。つまり子どもなど他の家族の収入は、二六〇万円ほどしかない計算である。貧困率は二九・三%と高い。家計のようすを詳しく集計してみて、驚いた。本人の家計貢献度をみたところ、一〇〇%、つまり無職の母親の年金等の収入が家計収入のすべてであるケースが二〇・六%に上っており、五〇%以上まで含めると四一・三%に達するのである。失業者あるいはアンダークラスの子どもを、母親が年金収入で支えているケースがかなり含まれるのだろう。(1)

†生活の満足度や幸福感も多様な結果に

それでは彼女たちは、自分の現在の生活をどう思っているのだろうか。専業主婦および無職女性と比較したのが、図表6-5である。アンダークラス女性については、同居家族の有無と配偶関係によって分けた結果も示しておいた。

一見すれば、高齢の専業主婦たちが、いかに幸せであるかがよくわかる。生活に満足している人の比率は八〇%を超え、五六・五%が自分を幸福だと考えている。自分の社会全体に占める位置を「下の上」または「下の下」だと考える人(「下流」意識をもつ人)はわずか一四・二%。無職女性をみると、幸福感だけは専業主婦にかなり近いところまでいっ

図表6-5　高齢女性アンダークラスの意識（女性・60歳以上）

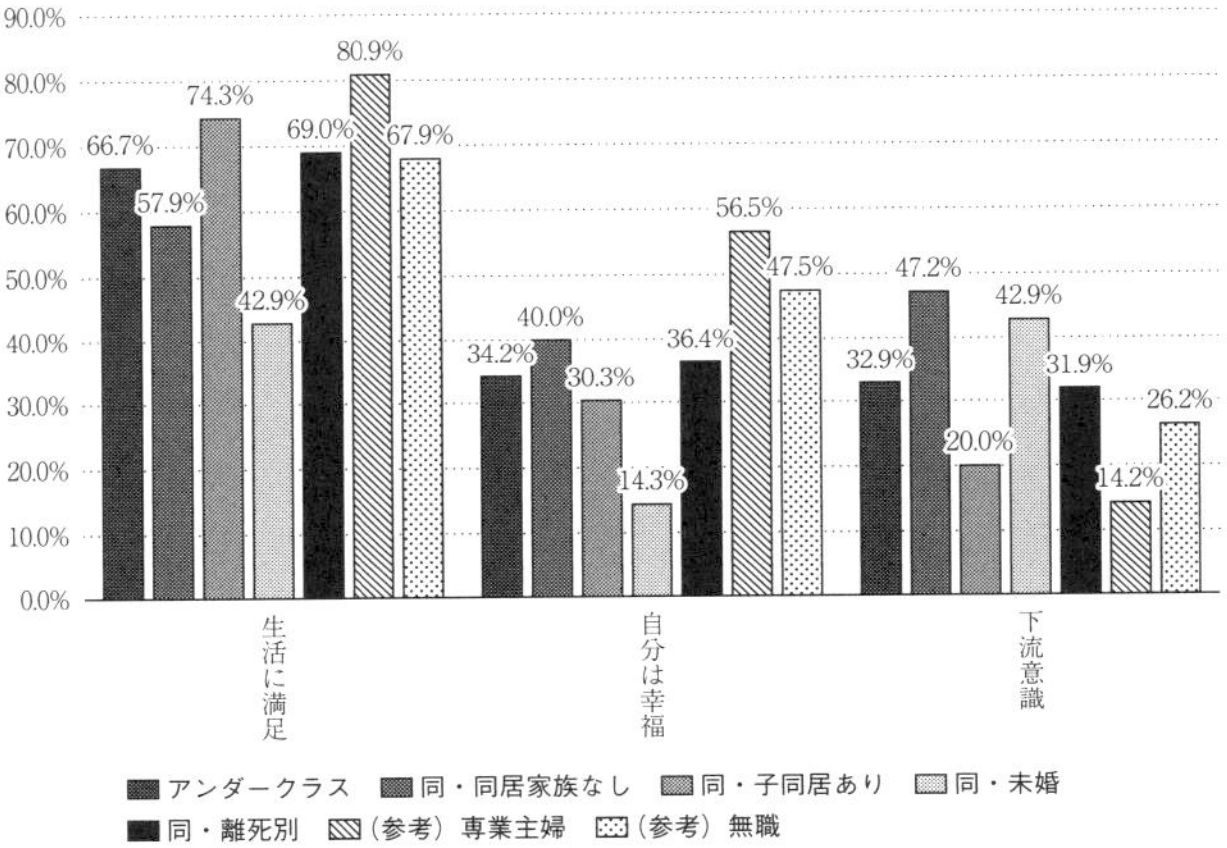

出典）2015年SSM調査データから算出。
注）「生活に満足」は「満足」「どちらかといえば満足」の合計。「自分は幸福」は0点から10点までの10点満点で7点以上の比率。「下流意識」は「上」「中の上」「中の下」「下の上」「下の下」のうち「下の上」「下の下」と答えた人の比率。

ているが、それ以外は大差がついている。

これに対して高齢アンダークラス女性は、一様ではない。専業主婦、そして無職女性に比べれば生活満足度も、また幸福感も全体に低いのだが、内部の差が大きい。自分は不幸だという感覚にとらわれることがもっとも多いのは、未婚女性である。未婚のまま主にアンダークラスとして働き続け、老後を迎えた女性たちである。先述のように未婚の高齢アンダークラス女性は人数が少ないので、統計的な誤差を含む可能性が大きいのだが、自分は幸福だと感じることができるのはわずか一四・三%で、生活に満足している人の比率も四二・九%に過ぎず、四二・九%までが「下流」意識にとらわれている。これに比べれば離死別女性は、それなりの満足と幸福を感じることができているようだ。

同居家族のいない女性と、子どもと同居する女性は、やや微妙である。同居家族のいない高齢アンダークラス女性は、生活への満足度は低く、「下流」意識をもつ人も多いが、なぜか幸福感は低くない。男たちとは違って家事の技術には長けているだろうし、貧しいとはいえ気楽なひとり暮しに、幸せをみいだしているのだろうか。子どもと同居している高齢アンダークラス女性は、これとは正反対である。生活への満足度は高いし、「下流」意識をもつ人も少ない。ところが、幸福感はひとり暮しに及ばない。子どもやその配偶者に気兼ねしながらの生活のゆえだろうか。

以上の結果は、アンダークラス女性の将来について、多くの示唆を与えている。前章でみたようにアンダークラス女性には、大きく分けて二つのタイプがある。第一に、学校教育から排除され、あるいは就職に失敗して、未婚のままアンダークラスに流れ着く女性たち。第二に、普通に就職し、普通に結婚し、一度は平凡な主婦になりはしたものの、離死別を経てアンダークラスにたどり着く女性たちである。高齢アンダークラス女性をみると、後者はそれなりの満足あるいは幸福を感じることのできる老後を迎えているのに対して、前者はそうではない。そして非正規労働が拡大して若年アンダークラスが激増するという趨勢のもと、将来的には、未婚の高齢アンダークラス女性が激増することは避けられない。彼女たちのその後の姿を、ここでみた女性たちは指し示しているのである。

注

（1）ただし以上の結果には、補足しておくべきことがある。高齢の母親と同居している子どもが、自分たちの収入や資産を正確に母親に伝えているという家庭は、あまり多くないだろう。調査に回答するために尋ねたとしても、正確に答えるとは限らない。実際、子どもと同居している単身高齢女性たちの家計収入についての設問への回答率は、あまり高くない。したがって以上のような回答には、子どもの収入や資産が少なく、このことを母親に訴えて援助を求めているようなケースが相対的に多く含まれているのかもしれない。だとすると、家計貢献度が五〇％を超える高齢アンダークラス女性や高齢無職女性の比率などは、多少割り引いて解釈する必要がある。しかしたとえ割り引いたとしても、こうしたケースがかなりの数に上ることだけは間違いがない。

第七章 「失業者・無業者」という隣人たち

本書では、労働者階級のうち、パート主婦を除く非正規労働者をアンダークラスと呼んできた。この定義に従えば、失業者や無業者は階級所属をもたないからアンダークラスには入らない。しかし現実には、失業者の一部は非正規労働者と失業の間を行き来しているし、失業者と無業者は連続している。これらの人々は、実質的にはアンダークラスに近く、アンダークラスの隣人ともいうべき人々である。本章ではこれらの人々について、主に二〇一六年首都圏調査のデータを使ってみていくことにする。

1 過小評価される失業の現実

アンダークラスと連続する失業者・無業者は、どれくらいの人数になるのだろうか。まずは就業状態と失業に関する統計をみてみよう。

「労働力調査」によると、二〇一〇年代に入ってから日本の失業率は下がり続けており、二〇一七年の完全失業率は二・八%、完全失業者数は一九〇万人だった。ただし、日本の統計でいう完全失業者とは、①仕事がなくて調査期間の一週間に少しも仕事をしなかった、②仕事があればすぐ就くことができる、③調査期間の一週間の間に仕事を探す活動や事業を始める準備をしていた、という三つの条件をすべて満たす人のことである。

これは、ずいぶん厳しい条件である。①によると、日銭を稼ぐために一時間でも仕事をすれば失業者ではなくなる。②の条件があるから、体調が悪くてすぐには働けない人も、失業者には含まれない。求職活動を長く続けたにもかかわらず、仕事がみつからないとなると、一時的に求職活動を中止したり、意欲を失ってしまったりすることもあるはずだが、③の条件があるから、このような場合も失業者には含まれない。だから政府の公表している失業率は、失業の現実を過小評価していると指摘されることが多い。

それでは、無職でありながら現時点では仕事を探していない人や、一度も仕事に就いたことのない人など、無業者の数はどれくらいになるだろうか。ただし、アンダークラスと連続する無業者を推計するのが目的だから、まだ就業状態が定まっていない一〇代の若者

図表 7-1　男性失業者・無業者と無配偶女性の失業者・無業者（20-59 歳・万人）

	男性	女性			合計
		未婚	離死別	合計	
完全失業者	88	33	6	39	127
非労働力・その他	111	37	8	45	156
合計	199	70	14	84	283

出典）「労働力調査」（2017 年）より。

や、すでに引退した、あるいは引退しつつある高齢者を含めるのは適切ではない。また専業主婦はアンダークラスと連続しているわけではないので、既婚女性は含めない方がいい。学校に通っている生徒・学生や、もっぱら家事に従事している人も含めないでおこう。労働力調査では就業者でも完全失業者でもない人々を「非労働力人口」と呼び、これを「通学」「家事」「その他」に分けている。さしあたっては、この「その他」の人数に注目すればいいだろう。

二〇一七年の労働力調査によると、該当する二〇―五九歳の完全失業者は、男性八八万人、無配偶女性三九万人（未婚三三万人、離死別六万人）だった。同じく「通学」「家事」以外の非労働力人口（「その他」）は、男性一一一万人、無配偶女性四五万人（未婚三七万人、離死別八万人）だった。すべて合計すると二八三万人である（図表7―1）。二〇―五九歳の総人口は六二一六万人だから、その四・六％ということになる。全体のちょうど七割くらいが男性だが、女性無業者は自分のいまの状態を「家事」と答えている可能性があるから、実際にはもっと多いのではないか。いずれにしても、相当な数である。

2　生い立ち・職歴といま

そこでこれらの人々の生い立ちや職歴、現在のようすなどを、二〇一六年首都圏調査データにもとづいてみていくことにしよう。この調査の回答者でこれに該当する人は、全部で六一人（五九歳以下の回答者総数の三・四％）だった。

図表7－2は、その基本属性を示したものである。男性と女性は、ほぼ同数だった。このような調査では一般に女性の方が回答率が高いから、このような結果になるのは不思議ではない。年齢層は幅広く分布しているが、もっとも多いのは四〇歳代、次いで二〇歳代である。二〇歳代が多いのは、学校を出て就職しないままの若者がいるから、四〇歳代が多いのは就職氷河期世代を含むからだろう。学歴では、四五・九％までが大学教育を受けた経験をもつ一方、中卒者が一四・八％と多くなっている。ただし学歴には男女差があり、男性の方が明らかに学歴が低くなっている。配偶関係をみると、実に八三・六％までが未婚者である。アンダークラスと比べても大幅に未婚者が多いという点は、特筆すべきだろ

図表 7-2　失業者・無業者の基本属性（59 歳以下）

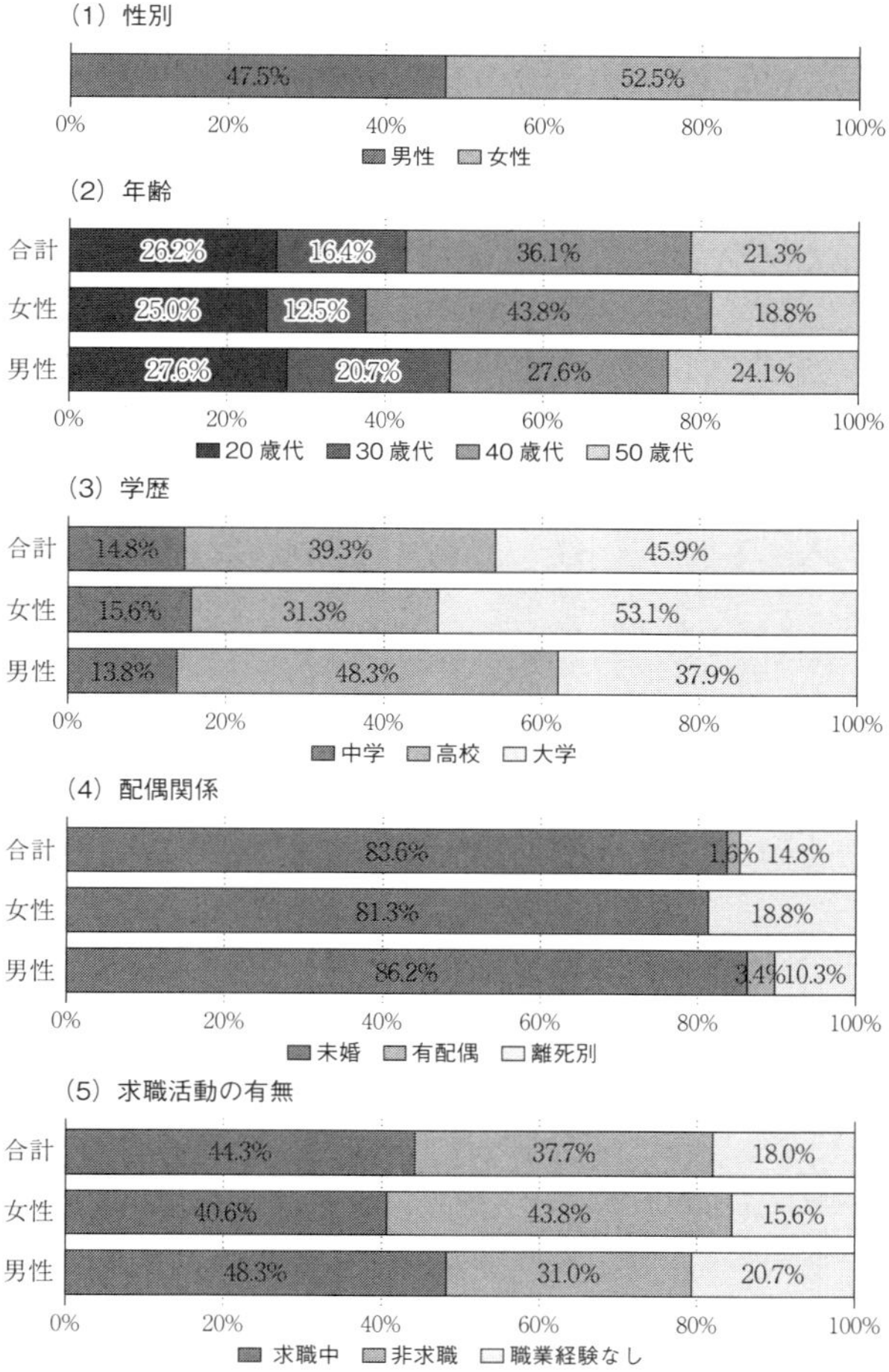

出典）2016 年首都圏調査データより作成。
注）「求職中」は「仕事を探している」の比率。

う。未婚者の比率は男性の方がやや高いが、女性でも八割を超えている。有配偶者は男性に一人いるだけで、離死別者が一四・八％だった。求職中（「仕事を探している」）は四四・三％で、この比率は男性でやや高い。一度も仕事に就いたことがない人は一八・〇％、実数では一一人で、二〇歳代が七人と多いが、残りの四人は四〇歳代である。

†アンダークラス周辺の深刻な事情を抱えた人たち

以上の数字をみただけでも、失業者・無業者がアンダークラス以上に厳しい状況にあることが推察できるが、その前に彼ら・彼女らの経歴についてみておこう。図表7－3は、前職時の所属階級の分布をみたもので、就業経験のない人も含めている。もっとも多いのはアンダークラス（四一％）で、就業経験なしと不明以外の六割近くを占めている。予想通り、アンダークラスと失業者・無業者の間の移動がかなり多いことがわかる。その他では正規労働者が二三％と多く、新中間階級は六・六％と少ない。就職したことのある人については、転職回数についても尋ねたが、転職経験がない（つまり最初の職業だけしか経験していない）人は八人、一回だけが五人、二回が五人で、三〇人は三回以上の転職を経験しており、五回以上が一四人、一〇回以上も四人いた。かなり離転職を繰り返している人

図表7-3　失業者・無業者の前職

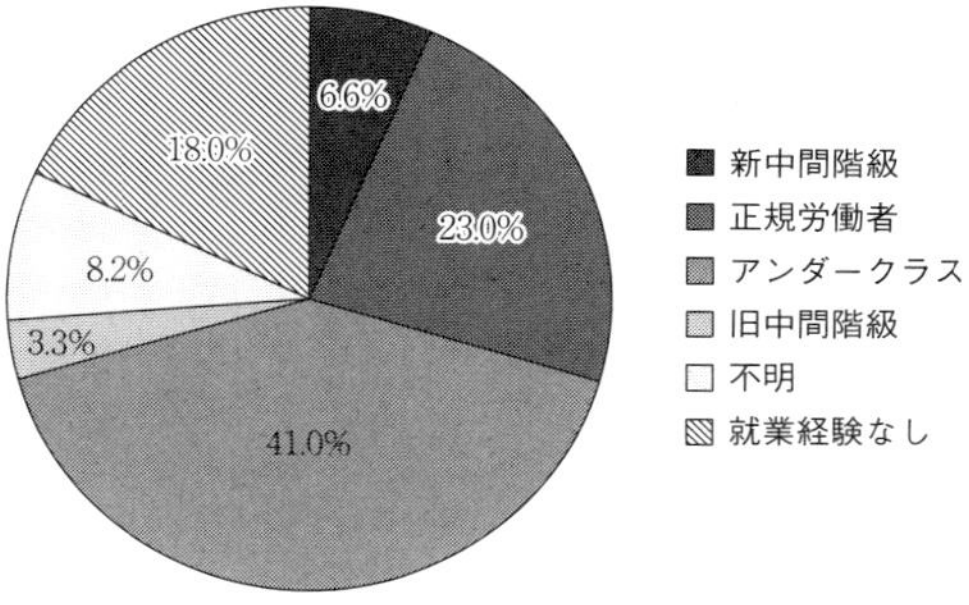

出典）2016年首都圏調査より算出。
注）前職時の配偶関係は不明なので、アンダークラス女性の一部はパート主婦だった可能性もある。

が多いことがわかる。

学校を出てから、あるいは前職を辞めたあとの無職期間をみたのが、図表7－4である。一年以内と一―三年がそれぞれ約四分の一ずつを占めており、無職期間が比較的短い人がほぼ半数を占めているが、四―九年が二六・二％、一〇年以上も一四・八％おり、無職期間がかなり長くなるケースも多いことがわかる。図表7－5は、前職のある人について、前職を辞めた理由を尋ねた結果である。いちばん多いのは「健康上の理由」で、一二人。次に多いのは「職場に不満があったから」の一〇人だが、これに「収入が少なかったから」「労働時間が長かったから」「ブラック企業」「仕事がなかった」を含めれば、広い意味での職場の問題が一

図表 7-4　失業者・無業者の無職期間

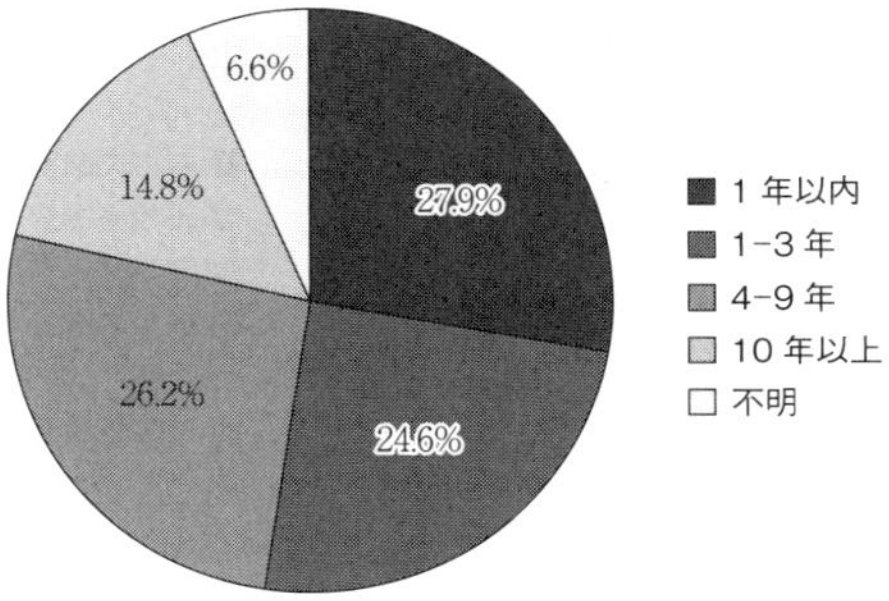

出典）2016 年首都圏調査より算出。

図表 7-5　失業者・無業者の前職をやめた理由

健康上の理由	12 人
職場に不満があったから	10 人
倒産、廃業、人員整理など	5 人
定年、契約期間の終了など	4 人
家庭の理由（結婚・育児・介護など）	4 人
収入が少なかったから	2 人
労働時間が長かったから	2 人
その他	7 人
ブラック企業、仕事がなかった、別の仕事に就いてみたくなった、個人商店へ独立のため、など	

出典）2016 年首都圏調査より。

六人で、「健康上の理由」より多くなる。「倒産、廃業、人員整理など」との回答は五人で、うち高卒が四人だった。「定年、契約期間の終了など」は四人で、うち三人までが三〇歳代前半までの若い男性である。「家庭の理由」と答えたのは四人で、いずれも女性だった。

図表7－6は、生い立ちや学校での経験、現在の健康状態などについて、失業者・無業者を他の人々と比較したものである。あまりの深刻さに、目を覆いたくなるような結果である。中学卒業までに両親が離婚したという人は一三・三%で、他の人々より格段に多く、アンダークラスと比べても二倍近い。ちなみに「両親のいずれかから暴力をふるわれることがしばしばあった」という回答も同じく一三・三%で、全体平均の三・九%の三倍以上だった。学校でいじめにあった経験をもつ人は、なんと四三・三%で、全体平均の一九・八%の二倍を超え、アンダークラスと比べても一〇%以上多い。

「自分は幸せではない」と考える人の比率は、実に五五・七%である。これは全体平均（一三・四%）の四倍以上、アンダークラスですら二七・一%にとどまっているのだから、あまりにも深刻である。さらに健康状態がよくないという人は四六・七%で、これも他の人々の三―四倍程度で、アンダークラスと比べても二倍に達する。うつ病その他の心の病気で診断や治療を受けた人の比率は二〇・七%でアンダークラスとほぼ並んでいるが、抑

図表 7-6　失業者・無業者の特徴（男女・59 歳以下）

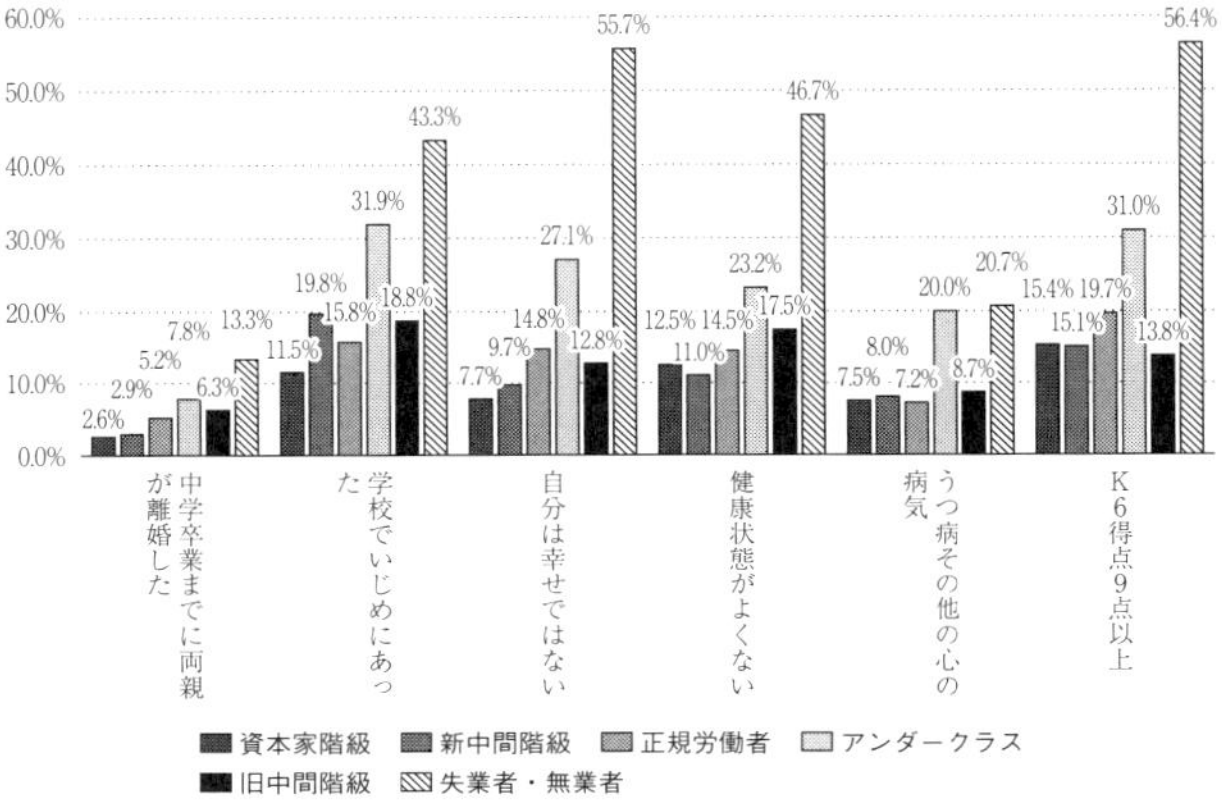

出典）2016 年首都圏調査データから算出。
注）「自分は幸せではない」は「あまり幸せではない」「まったく幸せではない」の合計。「健康状態がよくない」は「あまりよくない」「よくない」の合計。「うつ病その他の心の病気」は診断や治療を受けたことのある人の比率。

うつ傾向を示すＫ６得点が九点を超える人の比率は、実に五六・四％である。

この調査では、「自治会・町内会」「ボランティアの団体・市民活動・ＮＰＯ」「学校の卒業生の組織（同窓会など）」「趣味やスポーツの集まり」など、「その他」を含めて九種類の団体を挙げて参加の有無を尋ねているが、予想されるとおり、参加している人は少ない。たとえば「趣味やスポーツの集まり」の場合、全体平均では二四・三％、アンダークラスでも一三・四％が参加しているのに、失業者・無業者は六・七％である。「学校の卒業生の組織（同窓会など）」では、全体平均が一三・三％、アンダークラスでも九・二％が参加しているのに、失業者・無業者は一・七％（六一人中で一人だけ）だった。いじめられた経験が、彼ら・彼女らを同窓生から遠ざけるのだろうか。どれにも参加していない人の比率は、全体平均の四六％に対して、八一・七％に上った。

このように彼ら・彼女らは、職業からも、また職業以外の社会的活動からも身を引いて生活している。精神的にも身体的にも多くの問題を抱え、不幸を背負って生きている。アンダークラスの周辺には、これほどまでに深刻な事情を抱えた人々がいるのである。

3 失業者・無業者の実像

二〇一六年首都圏調査は、いわゆるアンケート方式の質問紙調査だが、本人の出身家庭や子どものころの出来事、職業経歴、現在の生活状態や健康状態などについて、詳細に尋ねているため、回答者の実像をかなり詳しく描くことができる。失業者・無業者のうち、典型的だったり、さまざまな問題が集中的にあらわれていると思われるケースを、いくつかみていくことにしよう。ただし事実関係は少しあいまいにしてあるほか、いくつかの回答を総合した上での推測を一部に含んでいる。なお、配偶関係についてとくに触れていない事例は、すべて結婚経験のない未婚者である。

事例1　東京都・二〇代・男性

東京の下町地域の出身である。子どものころ両親が離婚し、母親はパート勤めで、家は貧しかったが、学校での成績はよい方だったという。いまは母親、姉と一緒に民間の賃貸住宅に住んでいる。職業高校を卒業したあと、信用金庫に正社員として就職し、事務職として働いていたが、健康上の理由から四年後に退職。紹介されて親戚の経営する零細企業で機械整備の仕事に就いたが、職場に不満があったため四カ月で退職し、現在は求職中である。うつ病など心の病気の診断・治療を受けた経験がある。本人には収入がなく、世帯年収も二〇〇万円未満である。

自分は日本の社会全体で「下の下」に属すると考えており、また自分は貧困層に入ると感じている。しかし貧困になったのは努力しなかったからであって、社会のしくみに問題があるからではないとも考えている。親しい友人が二人だけいるが、趣味やスポーツの集まりなどを含め、何の団体にも所属しておらず、近所の人々とも付き合いはない。

事例2　神奈川県・三〇代・男性

神奈川県の古い住宅地の出身で、最近になって同じ神奈川県内の民間賃貸住宅に転居してきた。近隣の複数の住民とトラブルがあり、恐喝されたことから逃げてきたのだといい、現在はひとり暮しである。子どものころに両親が離婚し、酒場に勤める母親に育てられた。子ども時代には、学校でいじめられ、不登校になった経験がある。中学校を卒業してまもなく、学校紹介で料理店に正社員として就職したが、人間関係のトラブルから三年で退職する。その後は紹介されて、臨時雇で荷物の積み卸しをする仕事に就いたが、病気のため退職し、現在は無職で、求職活動はしていない。高血圧とうつ病など心の病気で診断・治療を受けたことがあり、気分が落ち込んでふだん通りの活動ができない日々が続いている。

自分は貧困層に入ると考えているが、事例1と同様に、貧困になったのは努力しなかったからであって、社会のしくみに問題があるからではないとも考えている。しかし、政府は豊かな人からの税金を増やしてでも恵まれない人への福祉を充実させるべきだし、理由はともかく生活に困っている人がいたら、国が面倒をみるべきだとも考えている。親しい友人が一人だけいるが、何の団体にも所属しておらず、近所の人々との付き合いはあいさつ程度である。現在は生活保護を受けており、年間一五〇万円を少し超える収入があるが、家計の状態にも、また将来の生活にも、強い不安を感じている。

事例3　東京都・四〇代・男性

東京の下町地域の出身だが、家にいづらくなったという理由で、しばらく前に同じ都内の別の場所に転居した。詳細はわからないが、酒場で働く母親との関係が悪化したようだ。子どものころには、のちに離婚する両親から暴力をふるわれたり、また食事や身の回りのものを用意してくれないといったネグレクトを受けた経験があり、登校拒否にも陥っている。中学校を卒業しているが、一度も職に就いたことがない。それは主に心理的な理由からのようで、うつ病など心の病気で診断・治療を受けたことがあり、さらに「いらいらする」「絶望的な気持ちになる」「自分は何の価値もない人間のような気持ちになる」など、抑うつ状態を示す設問にはすべて「いつもある」と答えている。また身体的・心理的な理由から、ふだん通りの活動ができない日々が続いているという。

自分は日本の社会全体では「下の下」に入ると感じており、また貧困層に入るとも考えているが、上の事例とはやや違って、貧困になったのは努力しなかったからだとは、必ずしも考えていない。反面、中国人・韓国人は日本のことを悪く言いすぎるし、自分の住む地域に外国人が増えて欲しくないと、排外主義的な考えも持ち合わせている。

過去一年間の収入は一〇〇万円を超える程度で、預貯金などの資産は一切もっていない。おそらく生活保護を受給しているものと思われる。食費や医療費などを切り詰めて生活しており、他人との交際や娯楽などには、もともとお金を使っていない。親しくしている家族や親戚はいないし、親しい知人・友人も一人もいない。何の団体にも所属しておらず、近所の人々との付き合いはまったくない。

事例4　東京都・四〇代・男性

東京都の下町地域の出身で、両親と姉の四人で住んでいる。もとは中小企業に勤めていた父親の会社の社宅に住んでいたが、退職により退去しなければならなくなり、いまは住宅を間借りして住んでいる。子どものころは、学校でいじめられた経験はあるものの、生活程度は普通で、成績も普通だったという。都内の工業高校を卒業して大企業の工場に正社員として勤務したが、職場に不満があったことから三年も経たないうちに退職し、さらに短期間で二度転職したのち、建設業の中小企業にアルバイトとして勤務するようになった。ここには一三年間勤めたが、会社が倒産して無職となった。無職期間はすでに一〇年以上になるが、現在も求職中である。健康状態には問題がなく、精神的にもおおむね安定していて、抑うつ傾向などはみられない。

自分は日本の社会全体では「下の下」に入ると感じており、また同じ地域のなかでも「下の下」だと考えている。いまのところ自分が貧困層だとは思っていないが、貧困に陥る可能性があるとは感じている。政治には無関心で、どの政党やどの政治家に対しても、とくに好きだとか嫌いだとかいった考えは持ち合わせていないし、政府の政策についてもとくに考えはない。

自分自身には収入がなく、家計収入も一五〇万円を切るくらいしかない。以前に比べると明らかに生活は苦しくなっており、食費や医療費、交際費、娯楽費などすべての項目で支出を切り詰めている。家計の状態や家族と自分の健康、将来の生活など、あらゆる点で不安が大きいが、それでも自分は幸せかと問われれば、「やや幸せ」だと考えている。家族との関係はよく、親しい友人が近所に二人いる。何の団体にも所属しておらず、近所の人々との付き合いはまったくない。

事例5　東京都・二〇代・女性

東京都内で生まれ育ち、現在までずっと同じ家で家族とともに住んでいる。子どものころ父親は自営で働き、母親はパートでレジ係をしていた。学校でいじめに遭うとともに、不登校になった経験があり、通信制の高校を卒業している。卒業後はパートとして働き始めたが、すぐに健康を害して退職し、その後も離転職を繰り返している。少し前には派遣社員として商品を運び出す仕事に就いたが、これも健康上の理由から数カ月で退職した。健康状態はあまりよくないと自覚しており、気分が落ち込んでふだん通りの活動ができないことも多い。ただしうつ病など心の病気で診断・治療を受けた経験はない。

自分は日本の社会全体では「下の下」に入ると感じており、また貧困層に入るとも考えているが、人が貧困になるのは努力しなかったからだけではなく、社会のしくみにも問題があると考えている。またいまの日本では格差が大きすぎるし、政府はお金持ちを優遇しており、むしろ豊かな人からの税金を増やしてでも恵まれない人への福祉を充実させるべきだと考えている。家族とは親しくしているが、親しい友人は一人いるだけである。何の団体にも所属しておらず、近所の人々との付き合いもあいさつ程度である。

事例6　東京都・三〇代・女性

東京都内で生まれ育ち、家族とともに住んでいたが、最近になってシングルマザーとなったことを契機に、自立するためにすぐ近所の民間の賃貸住宅に移り住んだ。子どものころの成績はごく普通で、いじめにあった経験などはない。父親は中企業の管理職で、母親も正社員として働いていたので、当時は比較的豊かな方だったという。

短期大学を卒業したあと、好きだったアパレル業界の小売店に契約社員として勤め、一時は店長となったが、八年間勤めたのちに家庭の事情で辞めざるを得なくなり、しばらくのち派遣社員としてスーパーで働くようになったが、これも家庭の事情で三年後に辞めている。無職の間に娘を出産し、現在は子育てをしながら求職中である。健康状態は普通で、精神的にも安定しているが、暮し向きは悪化しており、自分は貧困層に入ると考えている。そして、人が貧困になるのは社会のしくみに問題があるからであり、自分の暮し向きが悪くなったことについては、政府に責任があると考えている。また、政府は豊かな人からの税金を増やしてでも恵まれない人への福祉を充実させるべきだし、理由はともかく生活に困っている人がいたら、国が面倒をみるべきだという。支持政党はないが、自民党と安倍首相だけは嫌いである。政治についてははっきりした考えをもっており、経済の規制緩和や、国際競争力を高めるための賃下げ、憲法改正による再軍備には反対だし、原子力発電所はゼロにすべきだと考えている。

現在、収入はなく、食費や医療費、交際費、娯楽費など多くの項目で支出を切り詰めている。将来の生活への不安は強いが、自分は幸せかと問われれば、「やや幸せ」だと答える。近所に住んでいる家族との関係はよく、いまも頼りにしている。親しい友人が二人いる。何の団体にも所属しておらず、近所の人々との付き合いはない。

事例7　埼玉県・四〇代・女性

埼玉県内の小さな町で生まれ育ち、現在も同じ町に住んでいる。子どものころは、学校でいじめにあった経験はあるものの、成績は普通で、父親は正社員の事務職、母親もパートで働いていたため、生活程度は普通だった。東京都内の短期大学を卒業したあと、さらに専門学校に通い、金融関係の会社に正社員として勤めたが、健康上の理由から一年で退職した。二度の再就職のあと、三〇歳を過ぎたころに小さな会社に正社員として就職して八年間勤めたが、労働時間が長かったことから退職し、以後は一二年間無職で、現在求職活動はしていない。

自分は日本の社会全体では「下の下」に入ると感じており、貧困層にも入ると考えているが、地元には貧しい人が多いので、地域のなかでは普通またはやや上の方だと思っている。うつ病など心の病気の診断と治療を受けたことがあり、体調が悪かったり気分が落ち込んだりして、ふだん通りの活動ができない日々が続いている。「いらいらする」「絶望的な気持ちになる」「自分は何の価値もない人間のような気持ちになる」など、抑うつ状態を示す設問に対しては、大部分で「いつもある」と答えている。

年収は一五〇万円に満たない程度で、食費を切り詰めているが、医療費は切り詰めずに支出している。自分の健康と将来の生活に強い不安をもっており、自分はまったく幸せではないと思っている。近くに住む家族とは親しくしているが、親しい友人は一人もいない。何の団体にも所属しておらず、近所の人々との付き合いもない。

事例8　東京都・四〇代・女性

神奈川県出身だが、現在は東京都の民間の賃貸住宅に一人で住んでいる。子どものころ両親が離婚しており、パート勤めの母親に育てられた。親から暴力をふるわれたことがしばしばあり、また食事や身の回りのものを用意してくれないといったネグレクトを受けた経験もある。さらに学校ではいじめに遭い、登校拒否にも陥っている。兄が二人いて、子どものころの生活は貧しかったという。

中学校を卒業したあと、学校の紹介で医療機関に正社員として勤めたが、結婚のため四年で退職した。パート勤めをいくつか経験し、最後は大規模小売店に勤務したが、これを一年ほどで退職し、以後は勤めておらず、無職期間は二〇年を超えている。のちに離婚しているが、二二歳の子どもが一人いて、高校まで通わせたあと、現在は別居している。自分は日本の社会全体では「下の下」に入ると感じており、貧困層にも入ると考えている。貧困が自分のせいなのか、社会のしくみに原因があるのかといったことについて、とくに考えはないが、政府は豊かな人からの税金を増やしてでも恵まれない人への福祉を充実させるべきだとは思っている。外国人の多い地域に住んでいて、自分は外国人とまあまあうまく付き合うことができると考えている。支持政党があるわけではないが、どちらかといえば共産党が好きだという。

健康状態はよくない。体調が悪かったり気分が落ち込んだりして、ふだん通りの活動ができない日々が続いている。収入は答えてくれなかったが、貯金などの資産はないという。自分と家族の健康、そして将来の生活に強い不安を感じているが、自分は幸せかと問われれば、「やや幸せ」だと答える。近くに住む家族とは親しくしているが、親しい友人は一人もおらず、何の団体にも所属していない。しかし近所の人と立ち話する程度の付き合いはあるという。

以上八つの事例から、失業者・無業者が、多くの共通する要因から生み出されているようすがうかがえる。まず出身家庭の貧困、これと密接に関連するが、両親の離婚、そして家庭内暴力とネグレクトがある。学校では多くがいじめにあっている。多くの人が心の病気や強い抑うつ傾向を抱えている。もともと心理的な問題を抱えていたわけではなく、普通に就職しながらも、働くうちに問題を抱えるようになったと思われる事例も多い。

そして現在、ほぼ全員が貧困状態にあり、自分は貧困層に属すると考えている。生活保護について明確に言及した例は少ないが、家計の状態などからみて受給していると思われる事例が、いくつかみられる。将来の生活に対して一様に不安を感じている一方、信頼できる家族・親族や友人が一人もいなかったり、いてもごく少数であるケースが多い。

失業率や失業者数といえば、私たちはとかく、万人単位やパーセント単位で把握される量的な指標であり、景気によって変動し、景気の状態を知らせるバロメーターだとばかり受け取りがちである。しかし個々の失業者、そして無業者に注目するなら、そこに多様かつ深刻な問題があること、アンダークラスのさらに下に深刻な問題を抱えた人々が大量に存在することに気づかされる。これらの人々は、アンダークラスと連続する現代の階級社会の重要な部分であり、新しい階級社会の最大の犠牲者とみなされるべきなのである。

4　アンダークラスとの政治的同質性

以上から、失業者とアンダークラスには、かなりの連続性・同質性があることがわかった。それでは両者は、政治的にも同質性があるといっていいだろうか。アンダークラスと政治の関係について論ずる次章に入る前に、この点について確かめておこう。

図表7－7は、格差解消・所得再分配に対する態度を、アンダークラス、失業者・無業者を含む八つの階級・グループの間で比較したものである。男性については図表4－15に、女性については図表5－10にも示しているが、ここでは男女をまとめておいた。

アンダークラスと失業者・無業者は、豊かな人々への課税と恵まれない人への福祉の充実を通じた所得再分配を、支持する点で一致している。支持する人の比率はそれぞれ七一・八％と六九・二％で、消極的な姿勢で足並みを揃える資本家階級、新中間階級、正規労働者を、一五％から二〇％ほど上回っている。

アンダークラスと失業者・無業者は、「理由はともかく生活に困っている人がいたら、国が面倒をみるべきだ」という考え方を共有している。支持する人の比率は、それぞれ五

図表 7-7　所得再分配への態度（男女・20-59 歳）

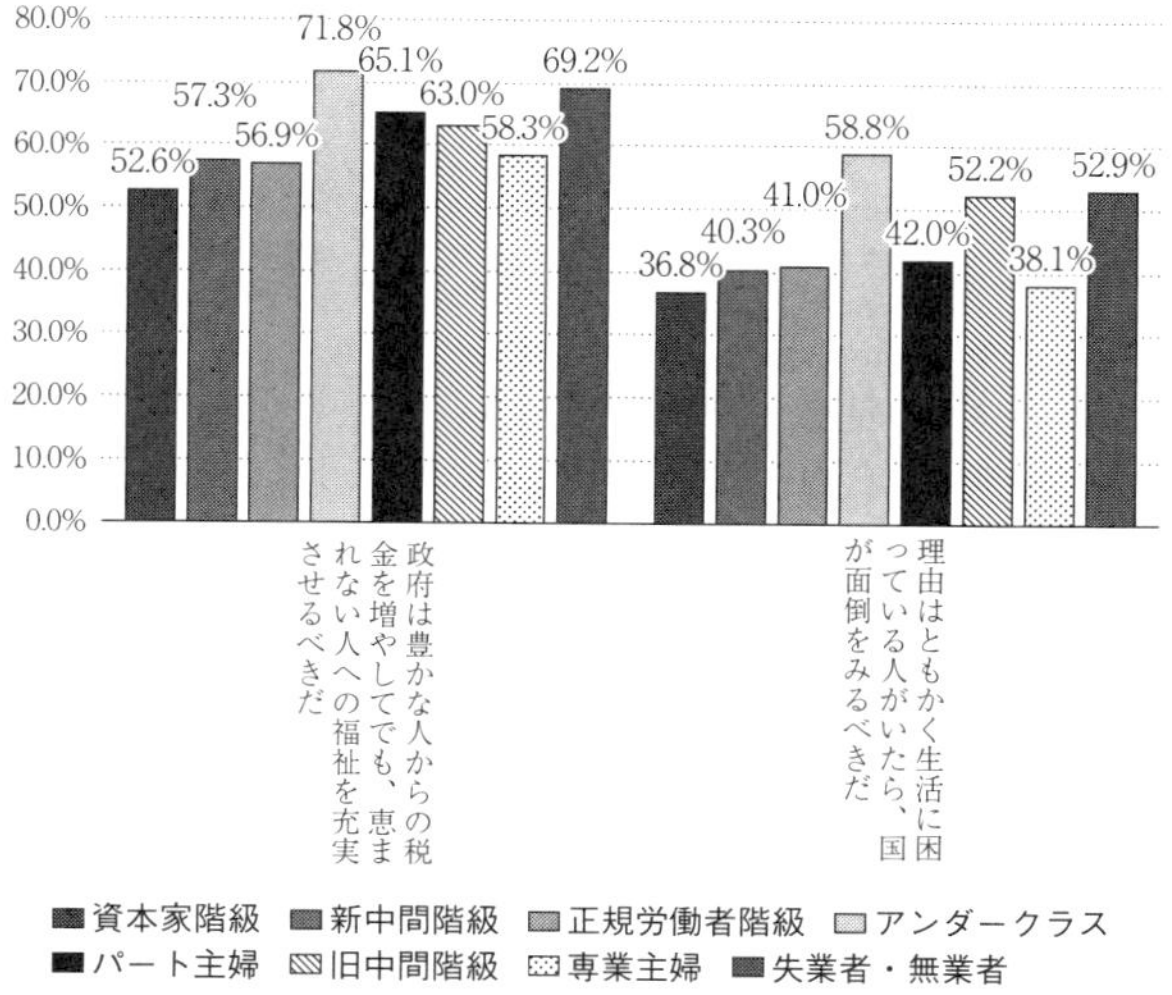

出典）2016 年首都圏調査データから算出。
注）「とてもそう思う」「ややそう思う」の合計。

図表7-8　所得再分配への態度と支持政党（男女・20–59歳）

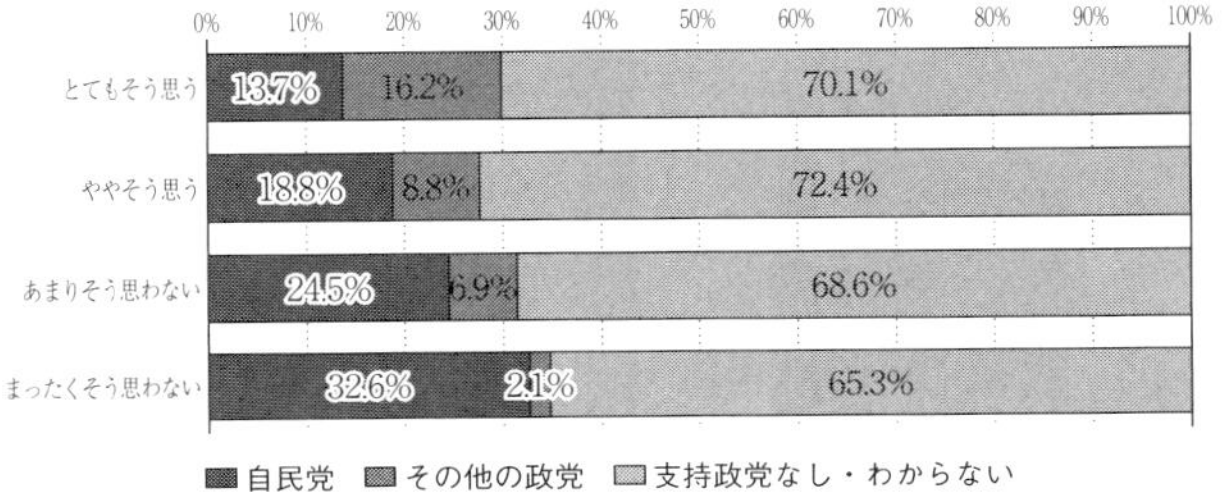

出典）2016年首都圏調査データから算出。
注）「政府は豊かな人からの税金を増やしてでも、恵まれない人への福祉を充実させるべきだ」に対する賛否。

八・八％と五二・九％で、やはり足並みを揃えて消極的な資本家階級、新中間階級、正規労働者を、一〇％から二〇％も上回っている。

†再分配に関心はあるが、政党には無関心

これら格差解消と所得再分配への態度は、支持政党、とりわけ自民党支持率と密接な関係がある。これを示したのが、図表7‐8である。「政府は豊かな人からの税金を増やしてでも、恵まれない人への福祉を充実させるべきだ」という考え方について「とてもそう思う」という人の自民党支持率はわずか一三・七％で、その他の政党への支持率一六・二％を下回っている。自民党支持率は、「ややそう思う」では一八・八％、「あまりそう思わない」では二四・五％と大きくなり、ほぼその分だけその他の政党の支持率が下がっていく。

ちなみに自民党とともに政権与党である公明党支持者の格差縮小と所得再分配への態度は、民進党（調査当時）や共産党の支持者と、ほぼ同じである。そして「まったくそう思わない」と、所得再分配の必要性を完全に否定する人々では、自民党支持率が三二・六％に達し、その他の政党を支持する人はわずか二・一％、そして支持政党なしは六五・三％にまで低下する。ここから所得再分配への態度が、政党支持を決めるきわめて重要な要因であることがわかる。

したがって当然、アンダークラスと失業者・無業者は、自民党を支持しない。自民党支持率はそれぞれ九・四％、一一・七％で、それぞれ一番目と二番目に低く、三番目に低いパート主婦と比べても五―七％も低い。しかし、その分だけその他の政党の支持率が高いかというと、そうではない。その他の政党の支持率は正規労働者や旧中間階級とほぼ同じで、支持政党なし（「わからない」を含む）がそれぞれ七九％、七六・七％にも上っている。

階級構造の底辺で苦しむアンダークラスと失業者・無業者は、格差解消と所得再分配を支持し、自民党支持を拒否する。にもかかわらず、その他の政党を支持するわけではない。どの政党も支持しない、あるいは政党への無関心を決め込むのである。したがって彼ら・彼女らの意思は、政治には反映されない。少なくとも現状は、そうである。しかしその意思が政治に反映されないならば、格差解消と所得再分配は実現しない。この状況を変える道はないのだろうか。次章では、この問題に焦点を当てることにしよう。

第八章

アンダークラスと日本の未来

これまでの分析から、現代日本におけるアンダークラスの全貌は、ほぼ明らかになったといっていいだろう。

五九歳以下の若年・中年アンダークラス男性と女性は、極度の貧困状態にある人が多く、安定した家族を形成したり維持したりすることもできない状態にある。肉体的にも精神的にも多くの困難を抱えており、状況が改善する見通しもない。五九歳以下の失業者・無業者は、さらに深刻な問題を抱えており、アンダークラスの一部、しかももっとも下層性の強い部分とみなすことができる。

六〇歳以上の高齢アンダークラスは、正規雇用のキャリアが長かったり、家族の支えを期待できる場合もあるなど、若年・中年アンダークラスとはやや性格を異にする。しかし、預貯金などの金融資産が少なく、年金も少ないことから、生活のために非正規雇用として働くことを余儀なくされている人々であり、六〇歳以上で無職の人々と比べれば明らかに階層的に下に位置しており、若年・中年アンダークラスと下層的性格を共有している。

そして近い将来、高齢アンダークラスの主流は入れ替わる。一〇年後、二〇年後には、現在の若年・中年アンダークラスが、資産もなく、年金も期待できず、家族の支えもないままに老後を迎えるからである。

アンダークラスがこのまま放置されるなら、日本社会は間違いなく危機的な状況を迎えるだろう。少子高齢化は、いっそう深刻化する。一部のアンダークラスは子どもを産み育てるが、その子どもたちに教育機会を保障することは難しい。彼ら・彼女らはやがて老後を迎えるが、その生活を個人の自助努力に任せるなら、悲惨な結果を生むのは明らかだし、社会保障によって生活を支えるには、莫大な財源が必要となる。そもそも、失業者・無業者を加えれば就業可能人口の二割近くにも達する人々が、不安と苦痛に満ちた人生を送るような社会は明らかに病んだ社会であり、それ自体で社会は危機的状態にあるといわねばならない。

危機を回避するためには、政治を動かさなければならない。第四章で私たちは、若年・中年アンダークラス男性に、その主体となる一定の可能性があることをみた。そして第五章では女性アンダークラス、第七章では失業者・無業者にも、ある程度まで同じような可能性があることをみた。こうした政治的な可能性について、詳しく検討することにしよう。

1　行き場のない不満

人々は、どのようにして政党に対する態度を決定するのだろうか。きわめて単純な仮説だが、次のように考えることは、さしあたって間違いではないだろう。

人は自分にとって満足のいく、自分は幸せだと感じることのできるような生活が実現することを望む。そして、このような生活を実現してくれそうな政党を支持する。また現在の自分の生活は満足のいくものであり、自分は幸せだと感じている人であれば、現在の生活を維持してくれそうな政党を支持する。このとき政党支持は、図表8-1のような構造をもつことになるはずである。

いまの生活が満足のいくものであり、自分は幸せだと感じている人は、この生活を実現してきた、そして今後も維持してくれるであろう政党、つまり長く政権の座にあり、今日の社会を作り出した、少なくともいまある社会の状態を維持（あるいは放置）してきた政

図表8-1　政党による満足と幸福の組織化

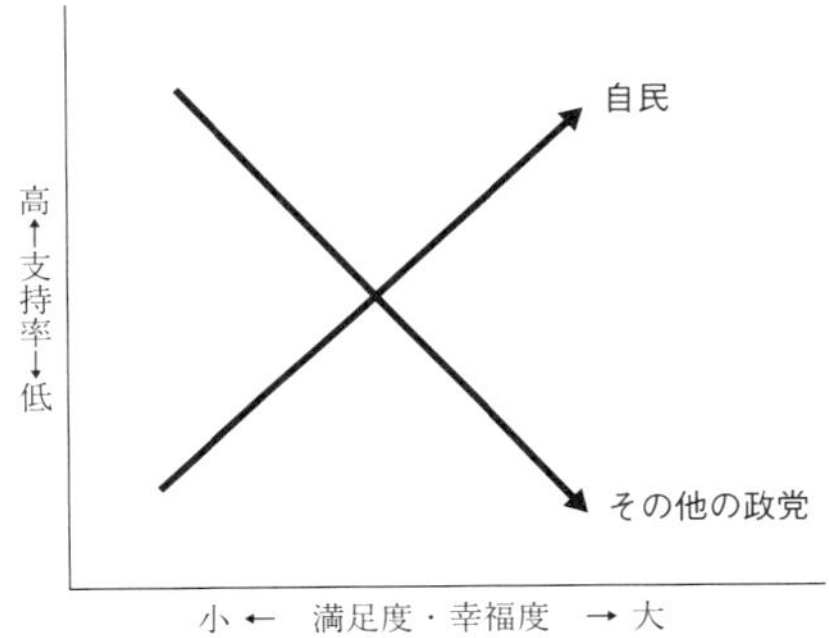

党である自民党を支持するだろう。これに対して、いまの生活に不満をもち、自分は幸せではないと感じている人は、別の生活を実現してくれそうな、そのためにいまある社会の状態を変えてくれそうな、自民党以外の政党を支持するだろう。したがって人々の満足度や幸福度を横軸に取り、政党支持率を縦軸に取るならば、自民党支持率は右上がりの、その他の政党の支持率は右下がりのグラフを描くはずである。

このようにして政党は、みずからの作り上げてきた、あるいは作り上げようとする社会のあり方を人々に対してアピールすることによって、人々の満足または不満、幸福または不幸を、組織化する。ここで組織化というのは、必ずしも公式の組織に組み入れるということではなく、支持を調達し、投票行動を引き起こすというほどの意味である。政党の能力とは、このように人々を、その満足度と幸福度に応じて組織化する力量によって測られるといっていい。

†満足と幸福を組織化する自民党

図表8―2は、いまある政党がこのように満足と不満、幸福と不幸を組織化する能力をどの程度までもっているかをみるため、生活満足度と政党支持、幸福感と政党支持の関係をみたものである。政党支持は、「自民党」「その他の政党」「支持政党なし・わからない」の三つに分けた。その他の政党には与党である公明党が含まれるし、野党の間の違いも無視はできないが、ここでみるような政党支持の構造に関する限り、さほどの違いは認められなかったため、「その他の政党」とひとまとめにしておいた。

まず生活満足度と政党支持の関係をみよう。生活満足度が不満から満足へと向かうにしたがって、自民党支持率は一六・〇%、一九・二%、二六・二%と上昇していく。自民党を強く支持するのは満ち足りた人々であり、自民党が人々の満足を組織化することに、ある程度まで成功していることがわかる。これに対して自民以外の政党はどうか。生活満足度が満足から不満へと向かうにつれて、支持率は九・一%、一〇・六%、一一・九%と上

図表8-2 政党による「満足」と「不満」の組織化

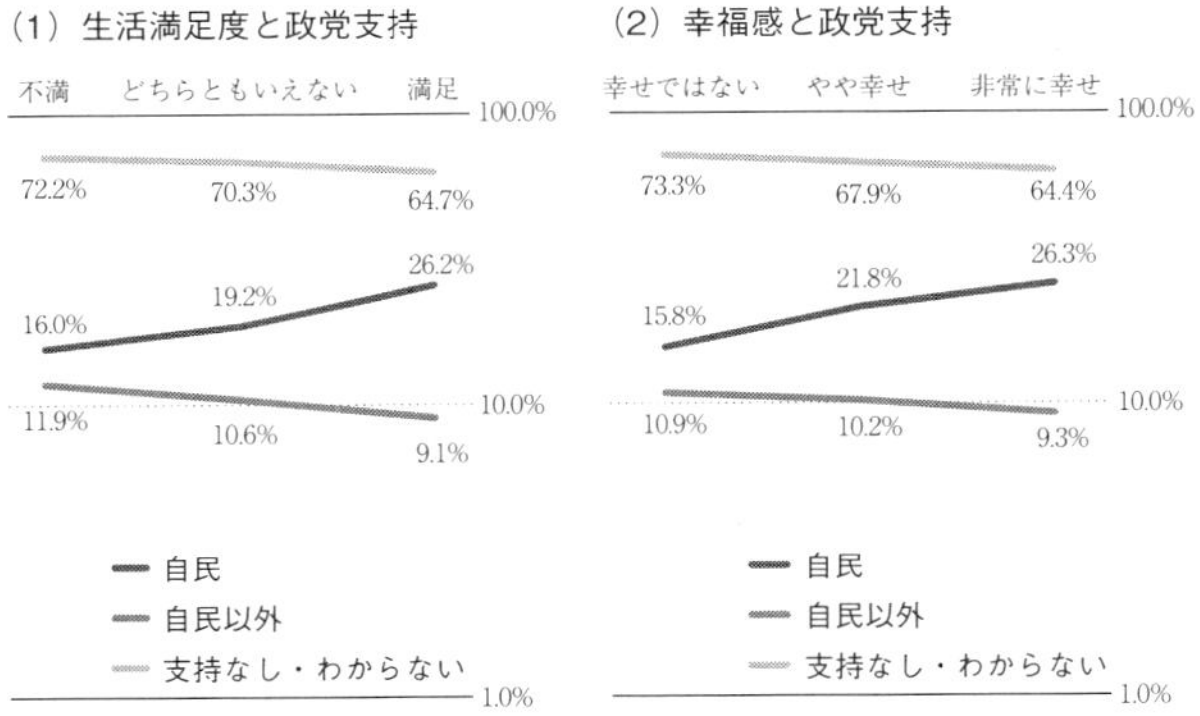

出典）2016年首都圏調査データより算出。
注）20-69歳男女。縦軸は対数目盛。

昇していく。しかし上昇幅はわずか二・八%に過ぎず、むしろ支持政党のない人々の比率が六四・七%、七〇・三%、七二・二%と顕著に上昇していく。自民以外の政党は、人々の不満を組織化することに成功していないといわなければならない。

幸福感と政党支持の関係はどうか。傾向は同じである。人々が不幸から幸福へと向かうにしたがって、自民党支持率は一五・八%、二一・八%、二六・三%と上昇していく。自民党を強く支持するのは幸いなる人々であり、自民党が人々の幸福を組織化することに、ある程度まで成功していることがわかる。これに対して人々が幸福から不幸に向かっても、自民以外の政党の支持率は九・三％、一〇・二％、一〇・九％と、ごくわずか上昇するに過ぎず、支持政党のない人々の比率が六四・四％、六七・九％、七三・三％と上昇していく。自民以外の政党は、人々の不幸を組織化することに成功していないのである。

このように自民党は、人々の満足と幸福とを組織化することに、ある程度まで成功している。自民党は、満ち足りた幸いなる人々の政党である。これに対して自民以外の政党は、人々の不満と不幸を組織化することに成功していない。人々の不満と不幸には行き場がなく、人々を支持政党なしへ、あるいは無関心へと導くのである。

†アンダークラスの満足が自民・公明の両党によって組織化されている

しかし以上のような政党支持の構造は、階級によって異なる。図表8-3と8-4は、そのようすをみたものである。人数の少ない資本家階級とパート主婦は省略し、五九歳以下の無職はアンダークラスに含めてある（六〇歳以上の無職は除外した）。

新中間階級の場合、人々が不満から満足に向かうにしたがって、自民党支持率が顕著に上昇していく。自民党は新中間階級の満足を組織化することに成功しているといっていい。これに対して人々が満足から不満へと向かっても、自民以外の政党の支持率は一貫した動きを示さず、いまの生活に不満だという人々の支持率は、むしろ低くなっている。自民以外の政党は、明らかに新中間階級の不満を組織化することに失敗している。

正規労働者階級は、傾向が異なる。生活に満足している人々ほど自民党支持率が高いのは新中間階級と同じだが、自分の生活に不満を抱く人々の自民以外の政党支持率は一五・一%と顕著に高い。自民以外の政党は、労働者階級の不満を組織化することにある程度まで成功しているようだ。

旧中間階級は、さらにはっきりしている。人々が満足から不満に向かうにしたがって、自民以外の政党の支持率は五・六%、一四・七%、二一・一%と、顕著に上昇していく。これに対して人々が不満から満足へと向かった場合、自民党支持率は一八・四%、二六・五%、二八・二%と上昇していくが、その変化の大きさは、自民以外の政党の支持率ほどではない。たしかに自民党は旧中間階級の満足を組織化しているが、それ以上に自民以外の政党が、旧中間階級の不満を組織化することに成功している。専業主婦は、新中間階級と同様の傾向を示している。自民党は専業主婦の満足を組織化することにある程度まで成功しているが、自民以外の政党は専業主婦の不満を組織化することに成功していない。

アンダークラスはどうか。驚いたことに、これまでの階級・グループとはまったく傾向

図表8-3　政党による「満足」と「不満」の組織化

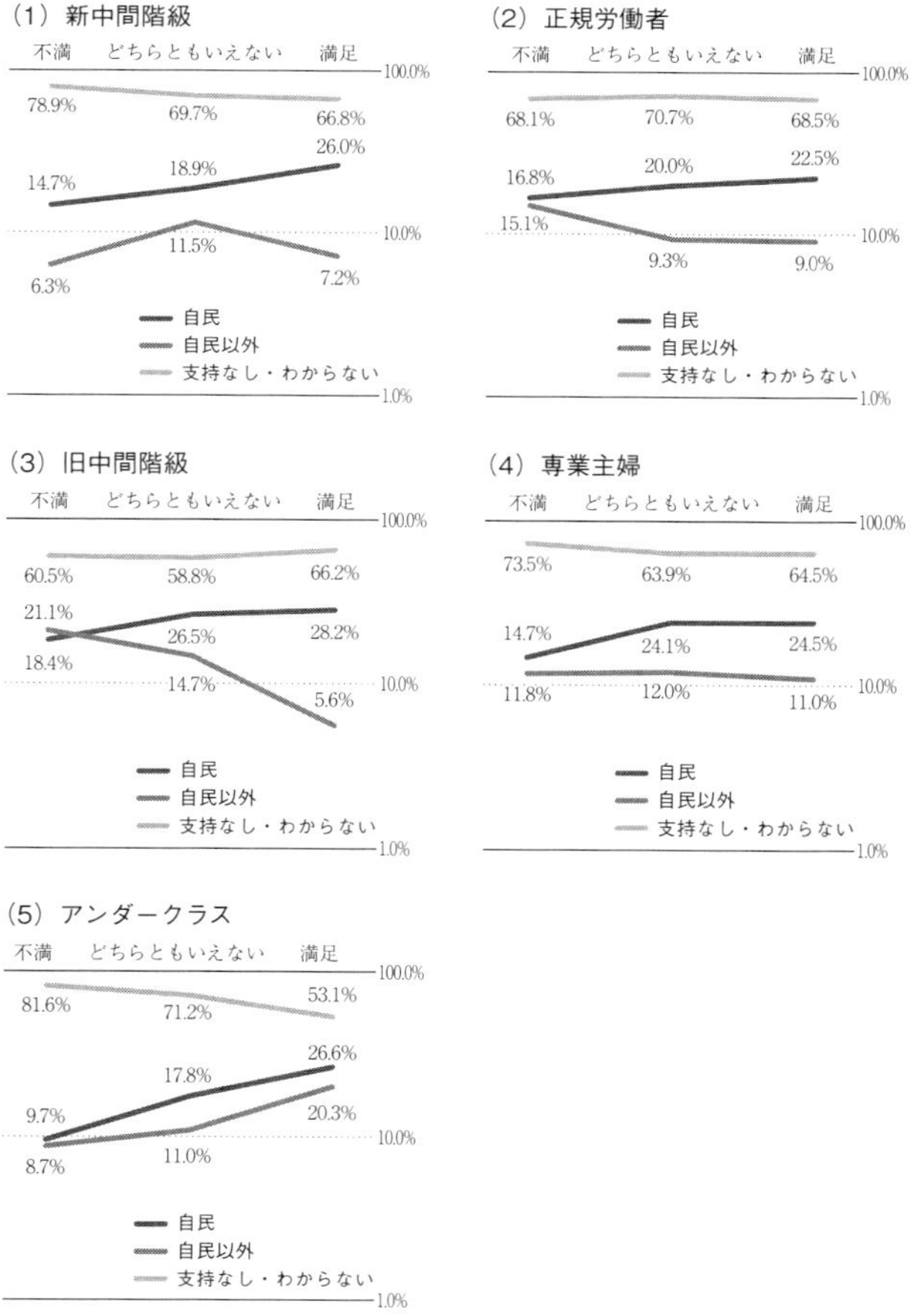

出典）2016年首都圏調査データより算出。
注）20–69歳男女。縦軸は対数目盛。アンダークラスには無職を含む。

が異なる。人々が不満から満足へと向かうと、自民党支持率が上昇するだけでなく、なぜか自民以外の政党の支持率も上昇するのである。不満から満足に向かうにつれて、自民党支持率は九・七％、一七・八％、二六・六％と顕著に上昇していく。その意味では自民党は、アンダークラスの満足をある程度まで組織化しているということができる。これに対して自民以外の政党の支持率も、不満から満足に向かうにつれて、八・七％、一一・〇％、二〇・三％と、顕著に上昇していくのである。

実は、自分の生活に満足しているアンダークラスの支持政党を具体的にみると、自民党の次に支持率が高いのは公明党である。だから、アンダークラスの満足が自民・公明の両党によって組織化されていると考えれば納得がいく。ただしアンダークラスでは自分の生活に満足している人の比率そのものが小さいから、このことがアンダークラス全体に与える影響は小さい。問題は、生活に不満をもつ人々の自民以外の政党への支持率が、八・七％と極端に低いことである。なぜだろうか。

その理由は、支持政党のない人々の比率をみれば理解できる。支持政党のない人の比率の生活満足度による違いをみると、アンダークラス以外の人々では生活に不満をもつ人々ほど高いとはいえ、あっても一〇％程度までしか違わない。ところがアンダークラスでは、生活に不満をもつ人では支持政党のない人の比率が八一・六％と圧倒的に高く、生活に満足する人を三〇％近くも上回っているのである。

これは何を意味するのか。おそらく生活に満足しているアンダークラスは、他の階級と同等の政治的関心を維持していて、それぞれに自民党を支持したり、あるいは貧困層を支持基盤とする与党である公明党を支持したりするのだろう。これに対して生活に不満をもつアンダークラスは、政治に対して何を期待することもできず、政治に対する関心を失ってしまう。だから支持政党のない人の比率が、極端に上昇してしまうのである。

†アンダークラスは不幸になるとどの政党も支持しない

幸福感と政党支持の関係に、目を転じよう（図表8-4）。新中間階級と旧中間階級では、人々が不幸から幸福に向かうにつれて自民党支持率が顕著に上昇し、自民以外の政党支持率は低下していく。幸福は自民党によって組織化され、不幸は自民以外の政党によって組織化されているのである。これに対して専業主婦では、幸福は自民党によって組織化される傾向にあるが、自民以外の政党支持率には幸福感による違いがなく、専業主婦の不幸が自民以外の政党によって組織化されているとはいえない。正規労働者は傾向が異なる。政党支持率は、自民・自民以外とも、自分を幸福だと考える人で低く、不幸だと考える人で高い。正規労働者の不幸は、生活への満足とは意味するところが異なり、自民支持に向かうか逆に向かうかは別として、政治意識を覚醒させるのかもしれない。

アンダークラスはどうか。生活満足度の場合と、傾向は同じである。アンダークラスは、不幸になるにしたがってどの政党も支持しなくなり、支持政党のない人の比率が顕著に上昇する。不幸なアンダークラスは、政治を見放す。これは結果からいえば、アンダークラスが政治から見放されるということである。

結論をまとめよう。

全体としてみれば自民党は、人々の満足と幸福を組織化することに成功している。満ち足りた、幸いなる人々は自民党の支持基盤である。これに対して自民以外の政党は、限られた範囲では人々の不満と不幸を組織化しており、とくに正規労働者と旧中間階級の不満、新中間階級と旧中間階級の不幸を組織化することには、ある程度まで成功している。しかし、自民党が満足と幸福を組織化するのに成功しているのと同じ程度に成功しているとはいえない。

それでは現代日本でもっとも多くの不満と不幸を担う階級であるアンダークラスは、政

図表8-4　政党による「幸福」と「不幸」の組織化

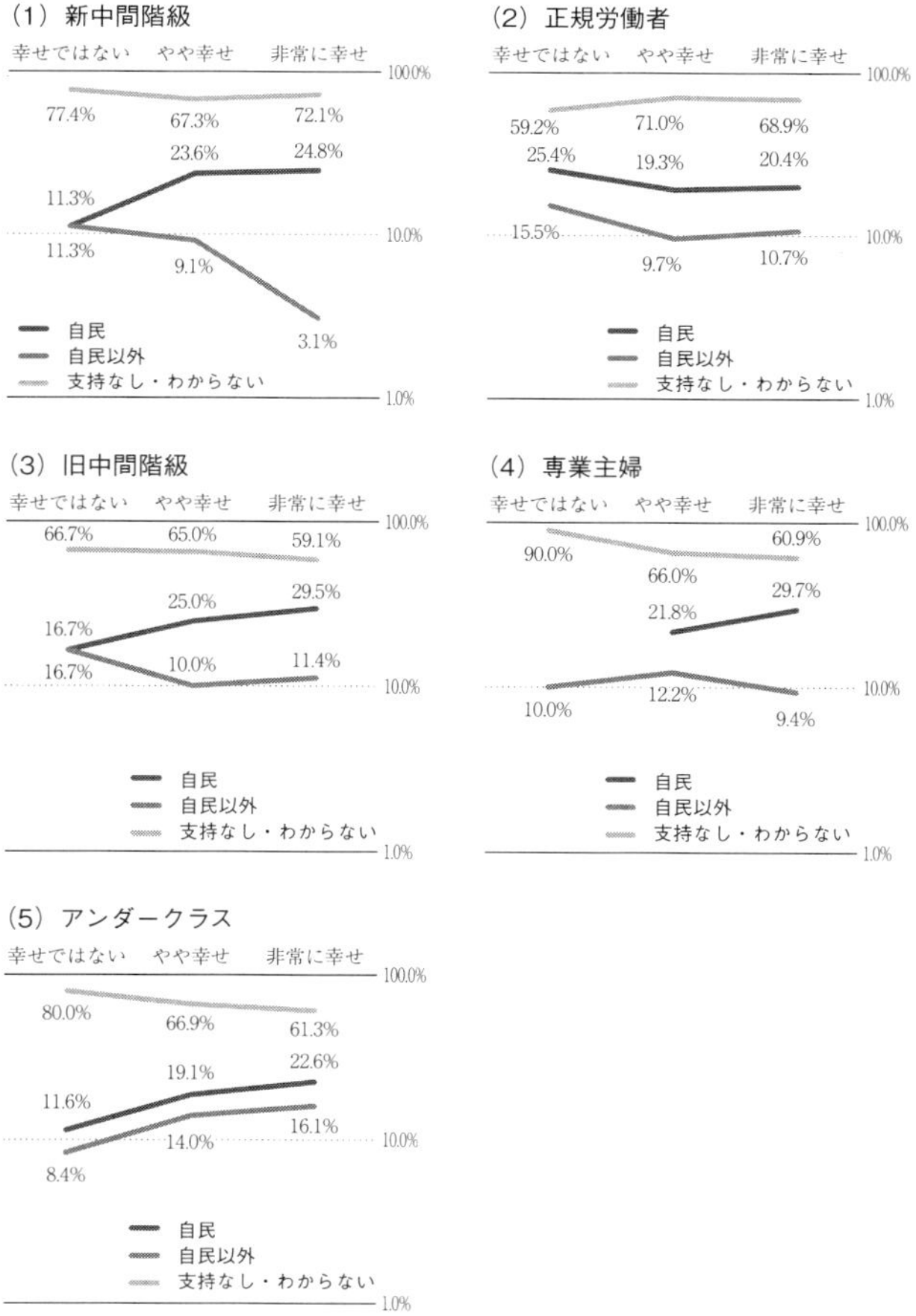

出典）2016年首都圏調査データより算出。
注）20-69歳男女。縦軸は対数目盛。アンダークラスには無職を含む。専業主婦で「幸せではない」という回答者では自民党支持者が0人だったため、グラフに示していない。

党とどのような関係にあるのか。残念ながら、関係といえるような関係がない。生活に満足し、自分を幸せだと感じることのできるアンダークラスから、自民党、自民以外の政党はそれぞれ一定の支持を得ているが、それは彼ら・彼女らが、辛うじて他の階級と同じくらいの政治的関心を持ち得ていることを示すに過ぎない。しかし生活に満足し、自分を幸せだと考えるアンダークラスは、アンダークラスのなかの例外部分に過ぎない。これに対して生活に不満をもち、自分を不幸だと感じているアンダークラスの主流部分は、どの政党を支持することもなく、あるいはそもそも政党に関心をもっていない。

日本社会の危機の中心に位置する階級が、政治への関心を失っている。だとすれば、この危機を打開するチャンスはないと考えるしかないのだろうか。

この困難を解決するためには、二つの条件が必要だろう。それは、第一に所得再分配による格差の縮小と貧困の解消を政治的な争点の中心へと押し上げること、そして第二に、アンダークラスを支持基盤にすることを公然と宣言する政治勢力を形成することである。

2　格差解消のみが政治的争点

所得再分配による貧困の解消が重要な政党選択の基準になっていることについては、すでに第七章で触れた。しかし現代日本には、これ以外にもさまざまな政治的争点がある。それでは所得再分配による貧困の解消は、その他の政治的争点と比較して、より重要な政党選択基準になっているといえるだろうか。この点を確かめるため、その他の五つの政治的争点と政党支持の関係をみたのが、図表8－5である（図表7－8とは違って、年齢層は二〇―六九歳）。

(1)の「理由はともかく生活に困っている人がいたら、国が面倒をみるべきだ」は、図表7－8に示した「政府は豊かな人からの税金を増やしてでも、恵まれない人への福祉を充実させるべきだ」と同様に、所得再分配による貧困層の救済を求めるものである。やはり政党支持との関係は、きわめて強い。「とてもそう思う」では、自民党支持率がわずか一一・二％に過ぎないのに対して、自民以外の支持率が二〇・二％に達しているが、反対に「まったくそう思わない」では自民党支持率が三六・七％に達し、自民以外の支持率はわずか四・一％である。自民以外の政党が、所得再分配による貧困層の救済への要求を、みずからへの支持として組織化しているのに対して、自民党が所得再分配に対する拒否を、「貧困層は放置せよ」との要求を、強固に組織化していることがわかる。

図表 8-5　各種の政治的争点と政党支持

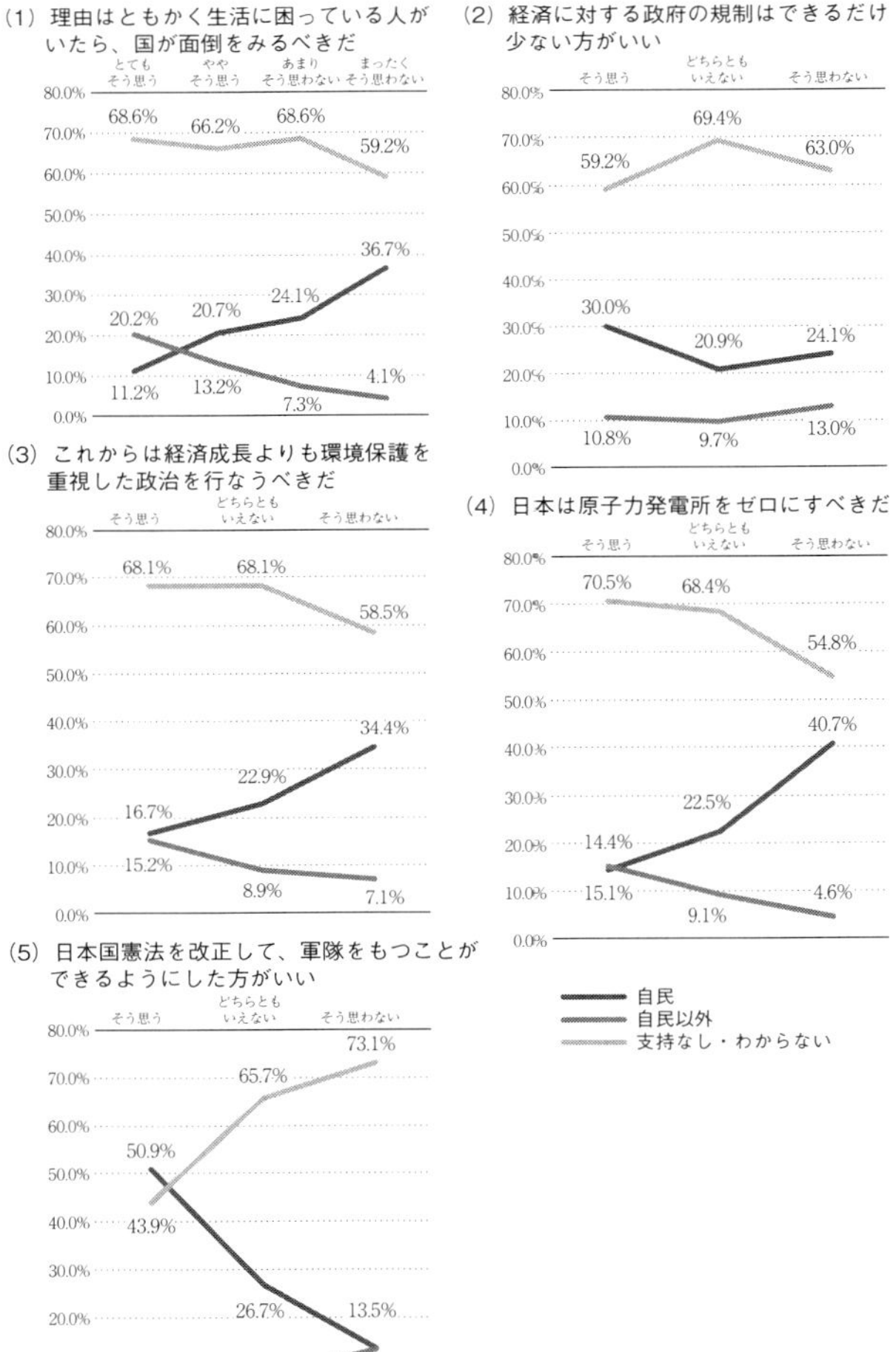

出典）2016 年首都圏調査データより算出。
注）20-69 歳男女。

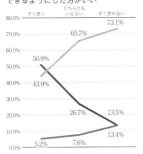

これに対して(2)の「経済に対する政府の規制はできるだけ少ない方がいい」はどうだろう。これは新自由主義の主張であり、二〇世紀末以来の自民党の基本政策であるはずだが、政党支持との関係は弱い。「そう思う」の自民党支持率は三〇%とたしかに高いが、「そう思わない」との差はわずかである。そして自民以外の支持率は、この主張に賛同するかどうかとは、基本的に無関係である。少なくともこのような一般的原則の形では、新自由主義は自民党支持とそれ以外とを分ける対立軸ではないようだ。

(3)の「これからは経済成長よりも環境保護を重視した政治を行うべきだ」は、たしかに政党支持との関係が認められる。自民党支持率は、「そう思う」では一六・七%にとどまるのに対して、「そう思わない」では三四・四%に上っていて、この党が「環境を破壊してでも、経済成長を実現すべきだ」との立場からの支持を集めているということがわかる。これに対して自民以外の政党への支持率は、たしかに「そう思う」で高く、「そう思わない」で低くなってはいるのだが、その差は八%程度に過ぎず、グラフは急勾配とはいいかねる。環境保護を重視する立場は、自民以外の政党を支持するかどうかを決定づけるほどの要因ではないようだ。

(4)の「日本は原子力発電所をゼロにすべきだ」は、政党支持との関係がかなり強い。

「そう思わない」の自民党支持率は実に四〇・七％に達しており、この党が福島第一原発の深刻な事故を経てもなお、原子力発電を推進すべきだと考える人々の熱い支持を集めていることがわかる。これに対して自民以外の支持率は、「そう思わない」の四・六％に対して、「そう思う」では一五・一％と三倍以上に上っており、これらの政党が原発廃止を求める声をある程度まで集め得ていることがわかる。しかし一五・一％というこの比率は、さほど大きなものではない。より重要なのは支持政党のない人々である。「そう思わない」では五四・八％だったその比率は、「そう思う」では七〇・五％にも上っている。つまり原発廃止を求める人々は、自民以外の政党を支持するよりは、無党派となりがちなのである。

(5)の「日本国憲法を改正して、軍隊をもつことができるようにした方がいい」では、この傾向がさらにはっきりしている。「そう思う」と答える人々は、実に五〇・九％までが自民党を支持している。九条改正と軍隊の保持は、自民党支持を決定づける決め手であるといっていい。それでは、自民以外の政党はどうか。「そう思わない」とする人々からの支持率は、一三・四％に過ぎない。たしかに「そう思う」よりは大幅に高いが、支持政党のない人々の方が七三・一％とはるかに多い。現状では九条を堅持することを求め、軍隊の保持を否定する人々は、無党派になりがちであることを示している。

「原子力発電を推進すべきだ」「憲法を改正して軍隊をもつべきだ」という主張は、自民党が支持を調達する決定的といっていいほど重要な決め手になっている。これに対して自民党以外の政党には、支持を調達するのに決定的な意味を持つほどの政治的論点は、残念ながら存在しない。しかし、それに近いものがあるとすれば、環境保護でも反原発でも、また九条擁護でもなく、所得再分配であるようだ。

3　支持基盤にするために

以上のような結果をみれば、目ざとい野党の政治家は、次のように考えるかもしれない。いまのところどの政党からも距離を置いているアンダークラスは、所得再分配による格差の縮小と貧困の解消を求めている。だとすれば、こうした政策を前面に出すことによって、アンダークラスの支持を獲得することができるだろう。そうすれば、環境重視、反原発、九条改正反対といったわが党の他の政策も、支持を拡げることができるだろう、と。

しかし、そう単純ではない。アンダークラスは、所得再分配は強く支持するものの、経済の規制緩和、環境保護、脱原発、憲法改正と軍隊の保持のどれに対しても、はっきりした意思を示さない。むしろ特徴は、「わからない」という回答が全体に多いことである。たとえば「憲法を改正して軍隊を」に「そう思う」と回答した人の比率は、資本家階級（二八・二％）と新中間階級（一六・〇）で高く、専業主婦（六・九％）で低いが、アンダークラスは一二・八％で、ほぼ全体平均（一二・五％）に近く、「わからない」が一一・一％と多くなっている。

しかもこれに、次の事情が加わる。伝統的な左派、あるいはリベラル派は、所得再分配、環境保護、平和主義といった主張を当たり前のように併置し、これらがひとまとまりの論理整合的な主張であるかのようにみなしてきた。しかし今日では、これらをひとまとまりの主張と考える根拠が、かなりの程度に失われている。

図表8-6は、所得再分配（「政府は豊かな人からの税金を増やしてでも、恵まれない人への福祉を充実させるべきだ」）に対する賛否と、九条改正と軍隊の保持（「日本国憲法を改正して、軍隊をもつことができるようにした方がいい」）への賛否の間の関係を、階級別にみたものである（アンダークラスや専業主婦では、所得再分配に対して「まったくそう思わない」とする人が数人しかいないので、「あまりそう思わない」と合算した）。

図表8-6　所得再分配と憲法九条改正

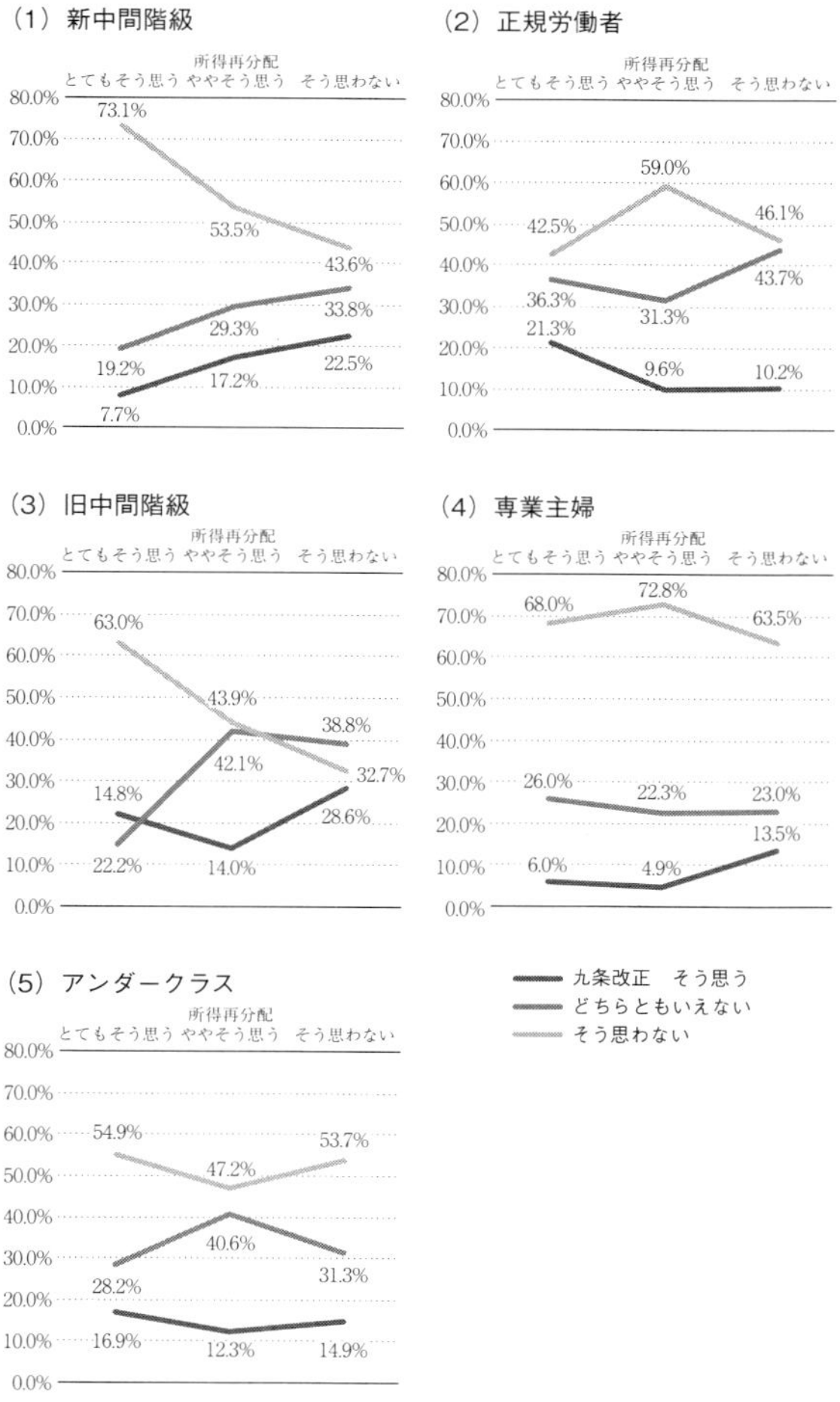

出典）2016年首都圏調査データより算出。
注）20-69歳男女。アンダークラスには無職を含む。所得再分配の「そう思わない」は「あまりそう思わない」「まったくそう思わない」の合計。

いちばんわかりやすいのは、新中間階級である。所得再分配を支持する人のうち七三・一％までが憲法九条改正と軍隊の保持に反対しており、賛成は七・七％にとどまっている。これに対して所得再分配を支持しない人の二二・五％が九条改正と軍隊の保持に賛成し、反対する人の比率は四三・六％と半数を大きく下回る。新中間階級においては、所得再分配と平和主義が、論理整合的なものとして理解されていることがわかる。これに近いのは、旧中間階級と専業主婦である。いずれも新中間階級ほど明確ではなく、一部で関係が崩れているが、旧中間階級では所得再分配を支持する人ほど九条改正に反対する人の比率が高くなっているし、専業主婦では所得再分配に反対する人ほど、九条改正に賛成する人の比率が高くなっている。

ところが正規労働者では、この関係が崩れている。九条改正と軍隊の保持に賛成する人の比率は、むしろ所得再分配を支持する人で高く（二一・三％）、支持しない人で低い（一〇・二％）。かと思えば九条改正に反対する人の比率は、所得再分配に対して「ややそう思う」と微温的な反応をする人で五九・〇％と、もっとも高くなっている。所得再分配と平和主義が、ひとまとまりの主張とみなされているとはいえない。

そしてアンダークラスでは、両者はまったく無関係である。グラフは新中間階級とは対照的に、無頓着な水平線、そしてV字型または逆V字形を示している。

再分配は求めてもリベラリズムとは無縁である

環境保護や平和主義の主張は、アンダークラスには届きにくい。アンダークラスは所得再分配を求めているが、それは自分たちの困窮状態からくる要求であって、左翼イデオロギーやリベラリズムとは無縁のものである。

図表8－5でみたような政党支持の構造からみれば、アンダークラスを含み込みながら、自民党に対抗する政治勢力を形成する基礎になり得るもっとも有力な政治的争点は、所得再分配による格差の縮小と貧困の解消である。しかし、勘違いをしてはいけない。所得再分配と環境保護や平和主義を、ひとまとまりの一貫した政治的ポリシーだと考えているのは、厳密には新中間階級だけである。他の人々、とくにアンダークラスは、所得再分配に賛同したからといって、環境保護や平和主義に賛同するわけではないのである。

ここで参考になるのは、経済学者の松尾匡による、「右翼」と「左翼」の概念整理である。彼によると、世の中を「タテ」方向に切って、「ウチ」と「ソト」に分け、「ウチ」に味方するのが「右翼」であり、世の中を「ヨコ」方向に切って「上」と「下」に分け、

「下」に味方するのが「左翼」である。どういうことか。「右翼」は世の中を縦に切って、「ウチ」つまり「日本国」や「日本人」などの立場に立ち、「ソト」つまり「外国」「外国人」「反日」などを批判する。これに対して「左翼」は世の中を横に切って、「下」つまり「労働者」や「庶民」などの立場に立ち、「上」つまり「支配階級」「権力者」などを批判するのである。その意味で左翼の出発点は、社会は上下に分断された複数の階級から成り立っているとみなすところにある(『これからのマルクス経済学入門』)。

ところが戦後の日本では、世の中を縦に切る見方が、かなりの程度まで左翼にも共有されていたといっていい。左翼はアジア・太平洋戦争への反省から、国内の「右翼」とは反対に、かつての侵略先の人々に友好的であろうとしてきたし、また経済的利害とは別に、反戦・平和という普遍的な価値をどこまで重視するかを、主要な対立軸とみなしてきたからである。こうして日本の戦後左翼は、経済的な平等の要求と反戦平和の要求は一体のものであると信じてきたのである。

このような見方は、新中間階級ではいまでも根強い。旧中間階級と専業主婦にも、ある程度まで受け継がれている。しかし正規労働者でも、またアンダークラスでも、戦後左翼が描いてきたこのような図式は成立しなくなっているのである。

アンダークラスは格差の縮小と貧困の解消を強く求めている。しかし既存の左翼政党やリベラル政党には、アンダークラスの支持を一手に集めることはできない。なぜなら、これらの政党を支持するためには、環境保護や平和主義といった、ある意味で「余計なもの」をセットにして受け入れなければならないからである。しかも政治情勢が動くにしたがって、「余計なもの」は新たに付け加わっていく。これを書いている二〇一八年七月の状況からいえば、森友学園と加計学園と関連した首相の政治姿勢と政治倫理の問題がそうである。重要な問題であることは間違いない。しかし、アンダークラスには〈関係ない〉のである。

それでは、どうすればいいのか。ある意味では、答えは簡単である。格差の縮小と貧困の解消だけを旗印とし、アンダークラスを中心とする「下」の人々を支持基盤にすることを明確に宣言する、新しい政治勢力があればいい。このような政策を掲げる以上、自民党とは相容れない。だから広い意味では野党ということになるが、他の野党とは、所得再分配と、これに関連する最低賃金の引き上げなど最低限の労働政策においてだけ、共闘する。だから論理的には、小池百合子東京都知事を中心に鳴り物入りで結成されたものの、瞬く間に瓦解した希望の党のように、九条改正と排外主義、そして所得再分配を同時に掲げる政党が登場すれば、これも共闘の対象となる。

左翼またはリベラルの立場に立ち、政治に関心をもつ良心的な人々からみれば、不真面目で視野の狭いスタンスにみえるかもしれない。しかしアンダークラスの要求を政治に反映させるためには、そのことを通じて日本社会の危機を打開するためには、これ以外に方法はないように思われる。

もともと左翼の本質は、上下に分断された階級構造のなかの下層階級に立脚し、その経済的利益を擁護するところにある。しかし戦後日本の左翼には、こうした立場を「経済主義」と呼んで軽蔑する傾向があった。それは高度経済成長が達成され、最低限の生活がほとんどすべての人々に保障されたかのように思われた、いわゆる「一億総中流」の時代の副産物だろう。アンダークラスが激増している今日、左翼はこの原点に回帰した方がいい。このことが本章の最初に述べたような、格差拡大と貧困の増大に起因するさまざまな社会的損失を避ける道でもあるのだ。

終章　「下」から日本が崩れていく

序章を連続射殺事件の犯人である永山則夫から書き起こしたからには、終章はこの人から書き起こさねばなるまい。二〇〇八年六月に、東京・秋葉原で起きた通り魔殺傷事件の犯人、加藤智大である。

加藤智大は、一九八二年生まれ。中学時代には成績優秀で、進学したのは有名進学校。しかしその後の成績は伸び悩み、同級生のほとんどが四年制大学に進学するなか、自動車整備工を養成する短期大学に入学した。卒業後は、派遣社員などとして職を転々とし、犯行の直前までは、静岡県にあるトヨタ自動車の子会社の工場で、派遣社員として働いていた。

ところが六月の初め、会社は派遣社員の大半を削減すると発表する。自分が削減対象になったと思い込んだ加藤は、工場を飛び出して犯行を決意、心境をインターネット上の掲示板サイトに書き込みながら準備を進め、ついに実行に至る。

派遣がやってた作業をやりたがる正社員なんているわけない
自分は無能です、って言ってるようなもんだし

人が足りないから来いと電話が来る　俺が必要だから、じゃなくて、人が足りないから　誰が行くかよ

勝ち組はみんな死んでしまえ。そしたら、日本には俺しか残らないか。あはは

掲示板には、誰にも相手にされないという孤立感、派遣労働者である自分の境遇からくる劣等感、そして将来への絶望が、赤裸々につづられていた。雇用は不安定で、職場は固定せず、しかも仕事内容は常に単純労働の繰り返し。書き込みからは、こうした境遇に置かれた製造業派遣で働く若者の寒々とした心象風景が、鮮明に浮かび上がってくる。

この事件が起こったとき、私はたまたま英国にいた。衝撃的な事件をカラー写真入りで

伝え、若く貧しい非正規労働者が増加していることが事件の背景にあると論じている現地の報道をみて、「とうとう起こったか」という感慨に襲われた。というのはその半年ほど前、「アンダークラス」という語を前面に出した本を出版したばかりだったからである。そこで私は、序章で紹介した永山則夫の論を引きながら、次のように論じていたのだった。

永山は獄中で「驚産党宣言」を書き、現代の社会には「大ブルジョアジー」「プチ・ブルジョアジーおよび貴族的プロレタリアート」「ルンペンプロレタリアート」の三つの階級があるとした上で、「自覚したルンペンプロレタリアとは、政治的諸目標を徹底的に破壊するテロリスト集団である。地下生活者の魂を発起し、あくまでも地下組織を通じてドブネズミの如く都市を動揺せしめよ」と呼びかけた。この呼びかけは、時期尚早だった。なぜなら当時、ルンペンプロレタリアート＝アンダークラスは、三大階級のひとつといえるような規模にはなっていなかったからである。しかしいまや、アンダークラスは巨大な最下層階級に成長している。こうして永山の呼びかけに応える若者たちが、三〇数年を経て登場しつつあるのかもしれないのである。(『新しい階級社会　新しい階級闘争』)

秋葉原の事件が起こったあと、インターネット上の掲示板には、加藤を非正規労働者の代表として賞賛する書き込みが、多数出現するようになった。「秋葉原通り魔・加藤智大は神！」「アキバに降りたった新教祖、加藤智大」「加藤智大を称えよう」など。もちろん、ただちに批判や反論が集中したが、共感する声も多かった。たとえば、次のようなものである。こうした声を、大量殺傷犯に対して同情的であるというだけの理由で切り捨てることは、私にはできない。

いいことをしたとは思わないけれど、加藤君の気持ちはわからないでもない。
社会の閉塞感。立ち直りのきかない社会。
一度落ちると、会社や国に、血の一滴まで吸い取られる社会。
立ち直りへの焦り。
私は、自殺を選ぶ人、大量殺人を選ぶ人、紙一重だと思う。
彼は大量殺人を選んだ。ただそれだけのこと。
両者は、割合の問題であって、このような社会では必然的なものである。

音楽批評家で、アンダークラスについてたびたび発言している平井玄は、現代の非正規労働者や無業者の若者たちを「永山則夫の子どもたち」と呼んでいる（平井玄『ミッキーマウスのプロレタリア宣言』）。たしかに永山則夫は一九四九年生まれの団塊世代、若年・中年アンダークラス男性の中心は、団塊ジュニア世代である。本人たちは永山則夫など知らないだろうけれど、同じような境遇に置かれて、ときには同じような犯行に走るのだとしたら、結果的には永山の遺志を継いでいるといってもいいだろう。

通り魔殺傷事件はその後、何度繰り返されてきたことだろう。起こっただけではもう誰も驚かない。二〇一三年、法務省の法務総合研究所は「無差別殺傷事犯に関する研究」という報告書をまとめている。対象とされた事件の犯人は、五二人。一六歳から四九歳が四四人を占め、五〇歳代が五人、六〇歳代が二人である。就労経験のないものが五人おり、就労経験のあるのは四七人だが、犯行前一年間に有職だったのは二五人で、二二人は無職だった。有職だった二五人のうち、正規雇用は一〇人で、非正規雇用が一三人（他に不明が二名）。そして犯行時には有職者が一〇人にまで減り、うち六人が非正規雇用だった。

衝撃的だったのは二〇一五年六月三〇日、走行中の東海道新幹線の車内で七一歳の男性がガソリンを全身に浴びて焼身自殺し、乗客一名が巻き添えになって死亡した事件である。報道によれば、男性は岩手県出身で、三〇代のころは居酒屋などで歌う流しの演歌歌手として働き、その後は鉄工所で働いたり、幼稚園の送迎バスの運転手をしたりしていた。事件の三カ月前までは、清掃会社で嘱託社員として働いていたが、高齢のため辞め、厚生年金を受給するようになった。しかし受給額に対して不満を漏らし、「月の年金が約一二万円で、約四万円の家賃と税金や光熱費を払うと手元にわずかしか残らない」などと語っていた。地元の区役所で、「年寄りは早く死ねということか」と職員に詰め寄ったこともあったという。そして火を放つ直前には区役所に電話をかけ、「生活ができないから最後のお金を持って新幹線に乗っている。区長と議員にお伝えください。お世話になりました」と話したという（「毎日新聞」二〇一五年七月一日〜八日）。

放火する前には他の乗客に避難を呼びかけており、殺意などはなかったようだが、少なくとも新幹線内で火災を発生させる意図はあったはずだ。区役所への電話には、明らかな抗議の意志がある。別の報道によると、姉にかけた電話で「国会の前で自殺でもしようか」と話していたこともあったという（「週刊朝日」二〇一五年七月一七日号）。間違いなく、一種のテロである。高齢アンダークラスによるテロである。「永山則夫の子どもたち」が高齢期を迎えたとき、同じような心境に陥ったとしてもおかしくはない。その意味でも、いま日本は危機を迎えているといわねばならないのである。

格差を縮小し貧困を解消するための具体的な方策については、前著『新・日本の階級社会』（講談社現代新書）や、『現代貧乏物語』（弘文堂）などに詳しく述べたから、ここでは繰り返さない。というより、ここでは繰り返さないほうがいいだろう。具体的な方策について論じ始めれば、各論での対立が生まれる。それよりはるかに重要なことは、格差と貧困を解消し、いまあるアンダークラスが、この社会のなかに安定した居場所を確保し、他の人々と同じくらいの満足と幸福を得ることができるようにするという、大きな社会的目標を共有することである。そしてその前提となるのは、アンダークラスをみずからの無能や怠慢のせいで貧困に陥った人々として冷笑するのではなく、また自分には無関係の存在として無視するのでもなく、同じ人間として、たまたま結果的に境遇が違っただけの仲間と認め、お互いの間に共感を作り出すことである。

アンダークラスの問題は、他人事ではない。なぜなら「新しい階級社会」の構造が今のままである以上、誰かがアンダークラスにならなければならないのであり、誰がアンダークラスに転落しても不思議はないからである。いま私たちがそうなっていないのは、ただの偶然に過ぎない。さらにいえば、いま安定した職を得ている人々も、かなりの確率で高齢アンダークラスに転落する。年金額が意外にも少ないかもしれないし、自分や家族の病気で、老後のための蓄えを失うかもしれない。あるいは自分の子どもがアンダークラスに転落し、その生活を支えなければならなくなるかもしれない。少しばかりの想像力を働かせればすぐにわかるとおり、アンダークラスの問題は、近い将来、身に降りかかるかもしれない問題なのである。だからアンダークラスの利益は、一握りの特権的な人々の利益には反するかもしれないが、それ以外の階級構造のなかの多数派の利益でもあるはずだ。

それだけではない。アンダークラスの利益を擁護することは、倫理的にも正しい。現代リベラリズムの基礎を築いた倫理哲学者のジョン・ロールズは、望ましい社会のあり方というものは、自分の地位や所属する階級・身分・性別などの属性、さらには所有する資産や身につけている能力などについて、何も知らないという条件の下で考えなければならないと説いた。なぜなら、こうしたことがらについて知っていたならば、人は自分の属性や資産、能力などに鑑みて、自分に有利になるような社会を構想してしまうにちがいないからである。このような条件のことを、ロールズは「無知のヴェール」と呼んだ。そしてロールズは、「無知のヴェール」をまとって考えるなら、人々は「自然の運や、偶然の社会状況によって、何人も有利になったり、不利になったりするべきではない」ということに合意するだろう、という。なぜなら人々は、もしかすると不運にも自分は、無一文で、能力もなく、助けてくれる人もいないという、この世でもっとも不遇な立場に置かれているかもしれないからである。だとすれば人々は、ここから進んで、このような立場に置かれてしまった人々の状況が、可能な限り悪くならないような社会のあり方が望ましいということに合意するだろう。これがロールズの考える「公正としての正義」である（『正義論』『公正としての正義』）。

私たちの前には、そのように不遇な人々がいる。アンダークラスである。アンダークラスの視点から、社会を見直してみよう。アンダークラスの視点から、これからの社会を構想しよう。もちろんこの作業は、アンダークラスの人々と、それ以外の階級に所属する広い意味での「左翼」の人々、つまり社会の「下」に位置する人々の立場に共感する人々との共同作業であるはずだ。

参考文献

【日本語参考文献】

ウィルソン、ウィリアム・ジュリアス（青木秀男監訳、平川茂・牛草英晴訳）『アメリカのアンダークラス』明石書店、一九九九年
エスピン＝アンデルセン、ゲスタ（渡辺雅男・渡辺景子訳）『ポスト工業経済の社会的基礎――市場・福祉国家・家族の政治経済学』桜井書店、二〇〇〇年
エジェル、スティーヴン（橋本健二訳）『階級とは何か』青木書店、二〇〇二年
大澤真幸「『幸福だ』と答える若者たちの時代（可能なる革命　第1回）」『atプラス』07号、二〇一一年
大澤真幸『可能なる革命』太田出版、二〇一六年
ガルブレイス、ジョン・ケネス（中村達也訳）『満足の文化』新潮社、一九九三年
吉川徹『日本の分断――切り離される非大卒者たち』光文社、二〇一八年
玄田有史『仕事のなかの曖昧な不安――揺れる若者の現在』中央公論新社、二〇〇一年
シーブルック、ジェレミー（渡辺雅男訳）『階級社会――グローバリズムと不平等』青土社、二〇〇四年
シェーラー、マックス（浜井修訳）『知識形態と社会（上）』（シェーラー著作集11）、白水社、一九七八年
白波瀬佐和子『少子高齢社会のみえない格差――ジェンダー・世代・格差のゆくえ』東京大学出版会、二〇〇五年
永山則夫『人民をわすれたカナリアたち』辺境社、一九七一年

野村正實『日本的雇用慣行——全体像構築の試み』ミネルヴァ書房、二〇〇七年
橋本健二『階級社会——現代日本の格差を問う』講談社、二〇〇六年
橋本健二『新しい階級社会　新しい階級闘争——［格差］ですまされない現実』光文社、二〇〇七年
橋本健二『新・日本の階級社会』講談社、二〇一八年
藤田孝典『下流老人——一億総老後崩壊の衝撃』朝日新聞出版、二〇一五年
藤田孝典『続・下流老人——一億総疲弊社会の到来』朝日新聞出版、二〇一六年
古市憲寿『絶望の国の幸福な若者たち』講談社、二〇一一年
松尾匡・橋本貴彦『これからのマルクス経済学入門』筑摩書房、二〇一六年
道下裕史「フリーター生みの親が語る」『Ｗｏｒｋｓ』六五号、二〇〇四年
ミュルダール、グンナー（小原敬士・池田豊訳）『豊かさへの挑戦』竹内書店、一九六四年
山田昌弘『パラサイト・シングルの時代』筑摩書房、一九九九年
山田昌弘『パラサイト社会のゆくえ——データで読みとく日本の家族』筑摩書房、二〇〇四年
労働政策研究・研修機構「大学等中退者の就労と意識に関する研究（ＪＩＬＰＴ調査シリーズNo.１３８）」労働政策研究・研修機構、二〇一五年
ロールズ、ジョン（川本隆史・福間聡・神島裕子訳）『正義論　改訂版』紀伊國屋書店、二〇一〇年
ロールズ、ジョン（田中成明・亀本洋・平井亮輔訳）『公正としての正義　再説』岩波書店、二〇〇四年

［欧文参考文献］

Crompton, Rosemary, *Class and stratification*, Polity Press, 1993.
Gans, Herbert, *The War against the Poor*, Basic Books, 1995.

Murray, charles et al., *The Emerging British Underclass, Charles Murray and the Underclass*, IEA Health and Welfare Unit, 1996.

Wilson, William Julius, *Studying Inner-city Social Diclocations, American Sociological Review*, Feb 1991.

ちくま新書
1371

アンダークラス
――新《あら》たな下層階級《かそうかいきゅう》の出現《しゅつげん》

二〇一八年一二月一〇日　第一刷発行
二〇一八年一二月二五日　第二刷発行

著者　橋本健二（はしもと・けんじ）
発行者　喜入冬子
発行所　株式会社　筑摩書房
東京都台東区蔵前二―五―三　郵便番号一一一―八七五五
電話番号〇三―五六八七―二六〇一（代表）
装幀者　間村俊一
印刷・製本　株式会社　精興社

ISBN978-4-480-07187-3 C0236

ちくま新書

606
持続可能な福祉社会
――「もうひとつの日本」の構想
広井良典
誰もが共通のスタートラインに立つにはどんな制度が必要か。個人の生活保障や分配の公正が実現され環境制約とも両立する、持続可能な福祉社会を具体的に構想する。

659
現代の貧困
――ワーキングプア／ホームレス／生活保護
岩田正美
貧困は人々の人格も、家族も、希望も、やすやすと打ち砕く。この国で今、そうした貧困に苦しむのは「不利な人々」ばかりだ。なぜ？　処方箋は？　をトータルに描く。

817
教育の職業的意義
――若者、学校、社会をつなぐ
本田由紀
このままでは、教育も仕事も、若者たちにとって壮大な詐欺でしかない。教育と社会との壊れた連環を修復し、日本社会の再編を考える。

941
限界集落の真実
――過疎の村は消えるか？
山下祐介
「限界集落はどこも消滅寸前」は嘘である。危機を煽り立てるだけの報道や、カネによる解決に終始する政府の過疎対策の誤りを正し、真の地域再生とは何かを考える。

1064
日本漁業の真実
濱田武士
減る魚資源、衰退する漁村、絶えない国際紛争……。漁業は現代を代表する「課題先進産業」だ。その漁業に何が起きているのか。知られざる全貌を明かす決定版！

853
地域再生の罠
――なぜ市民と地方は豊かになれないのか？
久繁哲之介
活性化は間違いだらけだ！　多くは専門家らが独善的に行う施策にすぎず、そのために衰退は深まっている。このカラクリを暴き、市民のための地域再生を示す。

1090
反福祉論
――新時代のセーフティーネットを求めて
金菱清
大澤史伸
福祉に頼らずに生き生きと暮らす、生活困窮者やホームレス。制度に代わる保障を発達させてきた彼らの生活実践に学び、福祉の限界を超える新しい社会を構想する。

ちくま新書

937
階級都市
――格差が街を侵食する
橋本健二
街には格差があふれている。古くは「山の手」「下町」と身分によって分断されていたが、現在もその構図は変わっていない。宿命づけられた階級都市のリアルに迫る。

772
学歴分断社会
吉川徹
格差問題を生む主たる原因は学歴にある。そして今、日本社会は大卒か非大卒かに分断されてきた。そのメカニズムを解明し、問題点を指摘し、今後を展望する。

992
「豊かな地域」はどこがちがうのか
――地域間競争の時代
根本祐二
低成長・人口減少の続く今、地域間の「パイの奪いあい」が激化している。成長している地域は何がちがうのか？北海道から沖縄まで、11の成功地域の秘訣を解く。

1108
老人喰い
――高齢者を狙う詐欺の正体
鈴木大介
オレオレ詐欺、騙り調査、やられ名簿……。平均貯蓄額2000万円の高齢者を狙った、「老人喰い＝特殊詐欺犯罪」の知られざる正体に迫る！

1125
ルポ 母子家庭
小林美希
夫からの度重なるDV、進展しない離婚調停、親子のギリギリの生活……。社会の矛盾が母と子を追い込んでいく。彼女たちの厳しい現実と生きる希望に迫る。

1113
日本の大課題 子どもの貧困
――社会的養護の現場から考える
池上彰編
格差が極まるいま、家庭で育つことができない子どもが増えている。児童養護施設の現場から、子どもの貧困についての実態をレポートし、課題と展望を明快にえがく。

1120
ルポ 居所不明児童
――消えた子どもたち
石川結貴
貧困、虐待、家庭崩壊などが原因で、少なくはない子どもたちの所在が不明になっている。この国で社会問題化しつつある「消えた子ども」を追う驚愕のレポート。

ちくま新書

1162
性風俗のいびつな現場
坂爪真吾

熟女専門、激安で過激、母乳が飲めるなど、より生々しくなった性風俗。そこでは、どのような人たちが、どのような思いで働いているのか。その実態を追う。

1163
家族幻想
――「ひきこもり」から問う
杉山春

現代の息苦しさを象徴する「ひきこもり」。閉ざされた内奥では何が起きているのか?〈家族の絆〉という神話に巨大な疑問符をつきつける圧倒的なノンフィクション。

1226
「母と子」という病
高橋和巳

人間に最も大きな心理的影響を及ぼす存在は「母」であり、誰もが逃れられない。母を三つのタイプに分け、それぞれの子との愛着関係と、そこに潜む病を分析する。

1242
LGBTを読みとく
――クィア・スタディーズ入門
森山至貴

広まりつつあるLGBTという概念。しかし、それだけでは多様な性は取りこぼされ、マイノリティに対する差別もなくならない。正確な知識を得るための教科書。

1116
入門　犯罪心理学
原田隆之

目覚ましい発展を遂げた犯罪心理学。最新の研究により、防止や抑制に効果を発揮する行動科学となった。「新しい犯罪心理学」を紹介する本邦初の入門書!

1038
1995年
速水健朗

1995年に、何が終わり、何が始まったのか。大震災とオウム事件の起きた「時代の転機」を読みとき、その全貌を描く現代史! 現代日本は、ここから始まる。

1020
生活保護
――知られざる恐怖の現場
今野晴貴

高まる生活保護バッシング。その現場では、いったい何が起きているのか。自殺、餓死、孤立死……。追いつめられ、命までも奪われる「恐怖の現場」の真相に迫る。

ちくま新書

947
若者が無縁化する
——仕事・福祉・コミュニティでつなぐ
宮本みち子
高校中退者、若者ホームレス、低学歴ニート、世の中から切り捨てられ、孤立する若者たち。彼らを社会につなぎとめるために、現状を分析し、解決策を探る一冊。

955
ルポ 賃金差別
竹信三恵子
パート、嘱託、派遣、契約、正規……。同じ仕事内容でも、賃金に差が生じるのはなぜか？ 非正規雇用という現代の「身分制」をえぐる、衝撃のノンフィクション！

1078
日本劣化論
笠井潔
白井聡
幼稚化した保守、アメリカと天皇、反知性主義の台頭、左右の迷走、日中衝突の末路……。戦後日本は一体どこまで堕ちていくのか？ 安易な議論に与せず徹底討論。

1205
社会学講義
橋爪大三郎
佐藤郁哉
吉見俊哉
社会学とはどういう学問なのか？ 基本的な視点から説き起こし、テーマの見つけ方・深め方、フィールドワークの手法までを講義形式で丁寧に解説。入門書の決定版。

1265
僕らの社会主義
國分功一郎
山崎亮
いま再びグランド・セオリーが必要とされているのではないか？ マルクス主義とは別の「あったかもしれない社会主義」の可能性について気鋭の論客が語り尽くす。

1338
都心集中の真実
——東京23区町丁別人口から見える問題
三浦展
大久保1丁目では20歳の87％が外国人。東雲1丁目だけで子どもが2400人増加。中央区の女性未婚者増は男性の倍。どこで誰が増えたのか、町丁別に徹底分析！

1361
徹底検証 神社本庁
——その起源から内紛、保守運動まで
藤生明
八万もの神社を傘下に置き、日本会議とともに保守運動を牽引してきた巨大宗教法人・神社本庁。徹底取材により、内紛から政治運動までその全貌を明らかにする！